O Novo Acordo Ortográfico da Língua Portuguesa

o que muda
o que não muda

Proibida a reprodução total ou parcial em qualquer mídia sem a autorização escrita da editora.
Os infratores estão sujeitos às penas da lei.

A Editora não é responsável pelo conteúdo deste livro.
O Autor conhece os fatos narrados, pelos quais é responsável, assim como se responsabiliza pelos juízos emitidos.

Consulte nosso catálogo completo e últimos lançamentos em **www.editoracontexto.com.br**.

Maurício Silva

O Novo Acordo Ortográfico da Língua Portuguesa
o que muda
o que não muda

Copyright © 2008 Maurício Pedro da Silva

Todos os direitos desta edição reservados à
Editora Contexto (Editora Pinsky Ltda.)

Montagem de capa e diagramação
Gustavo S. Vilas Boas

Revisão
Lilian Aquino

Dados Internacionais de Catalogação na Publicação (CIP)
(Câmara Brasileira do Livro, SP, Brasil)

Silva, Maurício
O novo acordo ortográfico da língua portuguesa : o que muda,
o que não muda / Maurício Silva. – 2. ed., 7ª reimpressão. –
São Paulo : Contexto, 2023.

Bibliografia.
ISBN 978-85-7244-407-1

1. Português – Ortografia I. Título.

08-06871 CDD-469.152

Índice para catálogo sistemático:
1. Ortografia : Português : Linguística 469.152

2023

Editora Contexto
Diretor editorial: *Jaime Pinsky*

Rua Dr. José Elias, 520 – Alto da Lapa
05083-030 – São Paulo – SP
PABX: (11) 3832 5838
contato@editoracontexto.com.br
www.editoracontexto.com.br

"[...] a ortografia também é gente."
Fernando Pessoa

Sumário

Introdução 9

A ortografia e a língua portuguesa 13

Estágio atual da questão ortográfica 21

Regras: mudanças e novidades 27

Conclusão 53

Bibliografia 59

O Acordo 61

O autor 91

Introdução

Língua não se congela. Ela é viva, pulsante. Palavras e expressões em voga numa época caem em desuso em outra. Até mesmo tempos verbais são criados e eliminados e não há sábios ou academias que possam deter a dinâmica histórica de uma língua. O português do Brasil, com suas variantes regionais, é bem mais vocálico do que o de Portugal, mais consonantal. Não é por acaso que nós achamos que eles "engolem" letras e eles que nós falamos "descansadinho". Mas, se não chegamos a um consenso sobre a forma de falar, seria possível ao menos um acordo sobre como escrever?

O que está certo, "pequeno-almoço" ou "café-da-manhã"? O que soa mais "português", *"mountain bike"* ou "BTT" (bicicleta todo-o-terreno); banda desenhada ou história em quadrinhos? O mais adequado seria "facto", como querem eles, ou "fato", como queremos nós? De uma maneira ou de outra, não estamos mais dispostos a aceitar que tomamos a língua "deles" emprestada e nos cabe apenas respeitá-la. Afinal, somos a maioria. De resto, os ingleses inventaram o futebol e não são eles os mestres da bola. Por que seriam os portugueses os donos de uma língua falada por 180 milhões de brasileiros?

O novo Acordo Ortográfico busca um consenso, quando for possível, e duas redações oficiais, quando isso não for possível. Ele não mexe, nem poderia fazê-lo, na nossa forma de falar, mas busca facilitar, padronizar a escrita. Assim, na opinião dos defensores do acordo, livros publicados em Portugal não precisariam mais sofrer revisão para serem publicados aqui, por conta das diferenças na ortografia lá e cá. Dessa forma, tanto o mercado português como o de países como Angola e Moçambique ficariam mais acessíveis aos livros e às revistas produzidos no Brasil. Se depender do novo Acordo Ortográfico, o português terá as mesmas regras em todos os países em que é adotado como língua oficial. Aqui veremos as principais mudanças e como essas novas regras nos afetarão na escrita do dia-a-dia.

Considerado um dos aspectos mais importantes das línguas escritas, a ortografia é também um dos mais polêmicos, e o caso do português não é uma exceção: presente, desde o século XVI, nas primeiras gramáticas de nosso idioma, a reflexão acerca do modo *correto* de escrever (*horto* = correto; *grafia* = escrita) foi palco dos mais acirrados embates lingüísticos, conhecendo um processo desgastante de relativa estabilização idiomática que, a despeito dos mais intensos esforços, não logrou atingir o consenso até os dias de hoje.

Com efeito, falar de ortografia é provocar acirradas polêmicas em torno não apenas do modo como se escreve determinada língua, mas da maneira como esse idioma se constitui e dialoga com o vasto universo de significados (sociais, lingüísticos, históricos, culturais etc.) que se encontra à sua volta.

Este livro apresenta alguns aspectos da gênese, do desdobramento e do alcance do novo Acordo Ortográfico da Língua Portuguesa, idealizado em 1986, votado em 1990, mas que até agora não teve obras publicadas conforme as novas regras. Não escapa ao objetivo do livro uma breve explanação acerca do processo de consolidação da ortografia da língua portuguesa, que se reporta diretamente à especificidade da escrita diante da fala, já que é sobre aquela, principalmente, que incide o fenômeno ortográfico. Desse modo, nunca é demais lembrar que a escrita – a despeito de todas as relações necessárias que estabelece com a língua falada – possui leis próprias e atua num sentido independente: *leis* e *sentido* da escrita são, afinal de contas, as bases de um fenômeno lingüístico tutelado pelo fenômeno da normatização gráfica, a que damos o nome de ortografia.

Num primeiro capítulo trataremos, sob a perspectiva histórica, das infindáveis relações entre a ortografia e a língua portuguesa ou, dito de outro modo, da inserção da ortografia no percurso histórico do português. Já num segundo capítulo, discutiremos o atual estágio da questão ortográfica, tanto em Portugal quanto no Brasil, procurando observar os principais eventos diretamente relacionados ao Acordo Ortográfico da Língua Portuguesa. Finalmente, num terceiro e último capítulo, faremos uma exposição, minuciosa e didática, das alterações nas regras já existentes da ortografia do português, propostas pelo novo acordo, bem como da formulação de novas regras, até então inexistentes na gramática da língua portuguesa. Dividimos, para facilitar o entendimento, em "antes do Acordo" e "a partir do Acordo". As novas regras, integrais, encontram-se no capítulo "O Acordo".

A ortografia e a língua portuguesa

Das línguas neolatinas conhecidas, o português é uma das mais importantes, tendo evoluído na península ibérica a partir do latim, mas recebendo o influxo de vários outros idiomas, como o provençal, o galego, o árabe etc. Sua história pode ser divida, *grosso modo*, em três períodos distintos: o do português proto-histórico, indo do século VIII até o século XIII; o do português arcaico ou galego-português, do século XIII ao século XIV; o do português moderno, do século XIV até o século XXI.[1]

Sobre o período proto-histórico – época de formação histórica da própria nação portuguesa e de episódios impor-

---

[1] Cf. FONSECA, Fernando Peixoto. *Noções de história da língua portuguesa*. Lisboa: Livraria Clássica, 1959.

tantes para sua constituição, como a invasão da península ibérica pelos mulçumanos –, devem-se destacar as inúmeras transformações pelas quais passou o idioma lusitano, resultando em alterações fonológicas, morfológicas e sintáticas até hoje mantidas no português contemporâneo e com particular incidência sobre sua ortografia.

Sobre o período arcaico, cumpre destacar o aparecimento dos primeiros textos escritos em galego-português, origem remota do português moderno. Nessa época, Portugal já era um reino independente, e o galego – falado originalmente no norte da península ibérica – já tinha sido levado ao sul durante o fenômeno histórico da Reconquista, quando o extremo oeste da península ibérica é retomado aos árabes pelos portugueses. Também nessa época, alterações de caráter fonológico, morfológico e sintático da língua portuguesa foram determinantes para sua atual configuração, bem como a de sua ortografia.

Finalmente, sobre o período moderno, convém lembrar que se trata de uma época em que se produziu o que há de mais importante na literatura portuguesa – já que engloba um longo período literário, polarizado pelas obras máximas de Camões e Pessoa –, além do fato de se terem constituído alguns episódios determinantes para a formação de nosso idioma, como sua expansão para os continentes americano, africano e asiático, sua separação definitiva do galego e conseqüente autonomia lingüística, o aparecimento dos primeiros gramáticos portugueses (Fernão de Oliveira, com

Gramática da linguagem portuguesa, de 1536 e João de Barros, com *Gramática da língua portuguesa*, de 1540), a instauração dos primeiros estudos de lexicologia e de filologia etc.

Em toda essa longa história do português, a ortografia foi um elemento constante, sempre presente nos momentos mais determinantes de sua consolidação, seja como manifestação de modos discordantes de grafar as palavras do idioma pátrio, seja como fenômeno particularmente propício à exploração de uma ideologia e uma polícia lingüísticas específicas de determinada época e/ou grupo social. Por isso, pode-se dizer claramente que a história da língua portuguesa, em todas as latitudes onde ela se manifesta, é também a história de sua ortografia.

Referindo-se aos desentendimentos em torno da questão ortográfica do português, o conhecido crítico paraense José Veríssimo já disse uma vez que a situação do nosso idioma afigurava-se uma verdadeira *anarquia ortográfica*, opinião complementada pela de Mário de Andrade, para quem a questão ortográfica teria contribuído muitíssimo para a *desordem mental* no Brasil. De qualquer maneira, não são recentes as tentativas de unificação ortográfica da língua portuguesa, tampouco são novas as mudanças sofridas pela grafia do português ao longo de sua existência, sendo possível depreender pelo menos três momentos marcantes dessa transformação: um primeiro momento, em que a ortografia assentava-se na pronúncia, isto é, uma ortografia fonética (séculos XIII-XVI); um segundo momento, caracterizado por uma grafia erudita, de natureza pseudo-etimológica (séculos XVI-XIX); e um terceiro momento, em que se privilegiou uma ortografia simplificada, com a eliminação dos fenômenos puramente fonéticos e do eruditismo etimológico (século XX).[2]

Tais mudanças, como era de se esperar, foram desde o princípio acompanhadas de tentativas de normatização da ortografia da língua, normatização que nascia exatamente da necessidade de se estabelecer alguma ordem no que parecia aos homens de letras, aos estudiosos da linguagem ou aos simples usuários do idioma algo incomodamente caótico. Por essa razão, o problema ortográfico foi, desde o início, uma das principais preocupações dos gramáticos, o que resultou em obras escritas por nossos primeiros ortógrafos, como Pero de Magalhães Gândavo (*Regras que ensinam a maneira de escrever a ortografia da língua portuguesa*, 1574), Duarte Nunes de Leão (*Ortografia da língua portuguesa*, 1576), Álvaro Ferreira de Vera (*Ortografia ou modo para escrever certo na língua portuguesa*, 1631), Bento Pereira (*Regras gerais e breves da melhor ortografia*, 1666), Ioam Franco Barreto (*Ortografia da língua portuguesa*, 1671), Gonçalves Viana (*Ortografia nacional*, 1904) e muitos outros. Nesse mesmo sentido, a ortografia tornava-se ainda problema central de algumas

---

[2] Cf. HOUAISS, Antônio. *A nova ortografia da língua portuguesa*. São Paulo: Ática, 1991.

obras de outras línguas românicas, como a francesa, com Peletier (*Dialogue de l'ortographe*, 1517), ou a espanhola, com Nebrija (*Reglas de Orthographia en la Lengua Castellana*, 1517).[3] Norteadas, muitas vezes, por um frágil e impreciso sentido de nacionalidade, as discussões em torno da questão ortográfica ganharam corpo, em Portugal e no Brasil, nomeadamente durante o século XIX, quando acabaram desaguando nas indefectíveis querelas ortográficas e o sentido de independência idiomática adquire foros de legalidade, com a publicação de decretos e a realização de acordos ortográficos que davam a tônica dos debates.[4] Com efeito, estabelecer uma unificação ortográfica da língua portuguesa foi, desde sempre, uma das principais preocupações de nossos gramáticos, intelectuais e políticos, necessidade surgida, diga-se de passagem, da observação da grande quantidade de variantes gráficas que ocorriam mesmo nos registros cultos da língua. Já no século XX, com o crescimento do mercado editorial, o desenvolvimento das relações internacionais e, sobretudo, a intensificação dos laços culturais entre Portugal e Brasil, a divergência gráfica parece ter se tornado, para alguns, fato insustentável, ocasionando um complexo processo que objetivava estabelecer a unificação ortográfica entre as duas principais nações falantes do português. Na verda-

---

[3] Cf. BUESCU, Maria Leonor Carvalhão. *Historiografia da língua portuguesa. Século XVI*. Lisboa: Sá da Costa, 1984; e FÁVERO, Leonor Lopes. *As concepções lingüísticas no século XVIII: a gramática portuguesa*. Campinas: Unicamp, 1996.
[4] Cf. ESTRELA, Edite. *A questão ortográfica. Reforma e acordos da língua portuguesa*. Lisboa: Editorial Notícias, s.d.

de, grande parte dos autores brasileiros representativos da época escrevia pela ortografia corrente em Portugal, já que suas obras ou eram publicadas e corrigidas na antiga metrópole ou apresentavam uma preocupação com o público leitor português, lançando mão – a par da ortografia portuguesa – de variados lusitanismos. Mas isso, evidentemente, não resolvia o problema das variações de grafia, o qual acabaria engendrando, em ambos os países, uma verdadeira *questão ortográfica*.

Nesse contexto, as divergências – agora não apenas ortográficas, mas também ideológicas – não demoraram a aparecer, e as primeiras discórdias começaram já com o século que se inaugurava: um dos projetos iniciais de reforma ortográfica, nessa época, foi o de 1907, com uma proposta capitaneada pela Academia Brasileira de Letras, proposta essa que seria complementada, em 1912, em razão de série de críticas que recebera, tanto por parte dos portugueses quanto dos brasileiros.

Contudo, a reforma mais polêmica dessa primeira década não seria realizada no Brasil, mas em Portugal: em 1911, uma comissão encabeçada por Gonçalves Viana e composta por eminentes personalidades lusitanas proporia um amplo projeto de simplificação ortográfica da língua portuguesa, o qual, a despeito das inúmeras críticas que recebera no Brasil, acabou sendo aceito pela maior parte da intelectualidade nacional, apesar de uma tácita recusa de suas prescrições nos alvores da década de 1920.

Mas o primeiro projeto de reforma ortográfica que teve mais larga aceitação por parte de brasileiros e portugueses foi o Acordo Ortográfico Luso-Brasileiro, de 1931, organizado pela Academia Brasileira de Letras e pela Academia de Ciências de Lisboa, com o propósito de unificar a ortografia do português nos dois países, já que tanto a proposta brasileira de 1907 quanto o projeto lusitano de 1911 lograram, principalmente, revelar as divergências que existiam entre as duas nações nesse campo.

Apesar das boas intenções de ambas as partes, esse primeiro acordo não surtiu o efeito esperado, resultando, entre outras coisas, na publicação, na década seguinte, de vocabulários ortográficos distintos – o *Vocabulário Ortográfico da Língua Portuguesa* (Portugal, 1940) e o *Pequeno Vocabulário Ortográfico da Língua Portuguesa* (Brasil, 1943) –, revelando a fragilidade do acordo e o alcance das divergências no campo da ortografia.

Em 1945, ocorreu ainda a célebre *Conferência Inter-Acadêmica de Lisboa para a Unificação Ortográfica da Língua Portuguesa*, que procurou – sem sucesso pleno – aparar as arestas relacionadas à ortografia utilizada pelas duas principais nações lusófonas, depois da qual algumas decisões parciais foram aprovadas, até o surgimento da principal proposta contemporânea de unificação ortográfica, justamente o Acordo Ortográfico da Língua Portuguesa, de 1986/1990, do qual trataremos com mais detalhes.

Estágio atual
da questão ortográfica

Ao longo do século xx, ocorreram em torno da língua portuguesa algumas de suas mais contundentes disputas lingüísticas, justamente aquelas que dizem respeito à ortografia e suas inúmeras propostas de unificação. Tais disputas decorreram – e ainda decorrem – da variedade de registros ortográficos que nosso idioma conheceu historicamente.

O Acordo Ortográfico da Língua Portuguesa, de 1986/1990 (vide Acordo), mais recente tentativa de promover a unificação do português entre os oito países que o adotam oficialmente (Portugal, Brasil, Angola, Cabo Verde, Guiné-Bissau, Moçambique, São Tomé e

Príncipe e Timor-Leste), consiste num documento que institui a vigência de novas regras ortográficas às nações que compõem a Comunidade dos Países de Língua Portuguesa (CPLP). Trata-se de um acordo que contém uma primeira parte destinada às disposições que estabelecem, entre outras coisas, a obrigação de os países signatários aprovarem um vocabulário comum que deverá entrar legalmente em vigência; e uma segunda parte que apresenta as regras ortográficas, dividas em 21 bases.

Para um idioma que, segundo recentes estimativas, é falado por cerca de 240 milhões de pessoas, em pelo menos oito países – sendo considerado, portanto, a sexta língua mais falada no mundo –, uma reforma ortográfica não é algo simples e sem conseqüências profundas. Mesmo que o número de palavras cuja ortografia seria alterada de modo mais radical (isto é, sem contabilizar as alterações decorridas da supressão do hífen e do trema) não ultrapasse cerca de 2% do vocabulário total do idioma, trata-se de um projeto amplo e de implicações diversas, cujas conseqüências devem ser sentidas no meio editorial, nas escolas, na imprensa, enfim, em todos os âmbitos da vida social em que a escrita é um elemento indispensável.

Evidentemente, não se pode negar o fato de que em alguns países as alterações serão mais sentidas do que em outros, como é o caso de Portugal, cujas modificações deverão atingir cerca de 1,6% de seu universo lexical, enquanto no Brasil essa cifra cai para cerca de 0,5% do total de palavras. Somente no mercado editorial, essas simples alterações deverão incidir, de acordo com dados do Sindicato Nacional dos Editores de Livros e da Câmara Brasileira do Livro, sobre um universo de mais de 320 milhões de livros.

Pode-se dizer que, cronologicamente falando, o novo acordo teria se iniciado em 1986, quando se realizou, no Rio de Janeiro, o primeiro encontro da CPLP, ocasião em que a Academia Brasileira de Letras, representada pelo acadêmico e filólogo Antônio Houaiss, apresentou um *Memorando sobre o Acordo Ortográfico da Língua Portuguesa*, embora sua aprovação só se desse efetivamente em 1990, data de sua assinatura oficial, em Lisboa. Com previsão para entrar em vigor em 1994, o novo acordo, contudo, não recebeu as ratificações necessárias para que suas regras passassem a valer.[1]

Diante desse primeiro fracasso, foram assinados dois Protocolos Modificativos: um em 1998, abolindo a cláusula do acordo que definia o ano de 1994 como limite para sua entrada em vigor; o segundo, em 2004, determinando a necessidade da ratificação de apenas três países para sua entrada em vigor e consagrando a inclusão de Timor-Leste entre os países participantes do acordo.[2]

[1] Enquanto Portugal o ratificara já em 1991 (Resolução da Assembléia da República n.° 26/91; Decreto Presidencial 43/91), o Brasil somente o faria em 1995 (Decreto Legislativo n°. 54).

[2] As três primeiras ratificações se deram em 2004 (Brasil) e 2006 (Cabo Verde e São Tomé e Príncipe), fazendo com que, em tese, a partir dessa data o acordo passasse oficialmente a ter validade. Portugal só o faria em 2008, definindo, além disso, que as mudanças em sua ortografia só passariam a valer dentro de seis anos.

Nos últimos dois anos, após a ratificação dos três primeiros países lusófonos, os debates se acirraram exponencialmente. Se por um lado, no Brasil, em 2008, uma Resolução do Fundo Nacional de Desenvolvimento da Educação (FNDE) autorizaria a adequação dos livros didáticos às novas regras do acordo,[3] em Portugal, por outro lado, no mesmo ano, uma Petição contra o Acordo Ortográfico, com mais de vinte mil assinaturas, seria entregue ao Parlamento português.[4] No Brasil, portanto, ainda segundo designação do FNDE, já em 2009, as editoras deverão fornecer as primeiras obras adaptadas às normas do acordo ortográfico, ressalvando-se que os alunos do ensino fundamental deverão receber material didático adaptado às normas do acordo ortográfico até 2010, ao passo que os do ensino médio receberão material atualizado até 2011, ano limite para que também os vestibulares, concursos e avaliações em geral se adaptem à nova ortografia.[5]

[3] "Autorizar a adequação das obras do Programa Nacional do Livro Didático (PNLD), do Programa Nacional do Livro para o Ensino Médio (PNLEM) e do Programa Nacional Biblioteca da Escola (PNBE) às mudanças implementadas pelo Acordo Ortográfico da Língua Portuguesa". (Fundo Nacional de Desenvolvimento da Educação – FNDE. Resolução nº 17, de 7 de maio de 2008).

[4] O texto fora capitaneado por 19 intelectuais portugueses: Ana Isabel Buescu, António Emiliano, António Lobo Xavier, Eduardo Lourenço, Helena Buescu, Jorge Morais Barbosa, José Pacheco Pereira, José da Silva Peneda, Laura Bulger, Luís Fagundes Duarte, Maria Alzira Seixo, Mário Cláudio, Miguel Veiga, Paulo Teixeira Pinto, Raul Miguel Rosado Fernandes, Vasco Graça Moura, Vítor Manuel Aguiar e Silva, Vitorino Barbosa de Magalhães Godinho e Zita Seabra.

[5] "As obras podem ser fornecidas pelas editoras já devidamente convertidas ou adaptadas para o atendimento: I – da distribuição relativa ao Programa Nacional Biblioteca da Escola, no período letivo de 2009; II – da reposição e complementação das séries finais do ensino fundamental – 5ª a 8ª série ou 6º ao 9º ano – nos períodos letivos de 2009 e 2010; e III – da primeira distribuição e também da reposição e complementação do ensino médio, nos períodos letivos de 2009, 2010 e 2011". (Fundo Nacional de Desenvolvimento da Educação – FNDE. Resolução nº 17, de 7 de maio de 2008).

Desse modo, presidido por um critério basicamente fonético – isto é, procurando aproximar a grafia das palavras da forma como são pronunciadas –, o novo acordo prevê um a série de mudanças, alterações e manutenção de regras ortográficas, as quais serão detalhadas no capítulo seguinte.

Regras: mudanças e novidades

Como foi visto até aqui, embora o Acordo Ortográfico da Língua Portuguesa tenha sido aprovado em 1990, pela Academia das Ciências de Lisboa, pela Academia Brasileira de Letras e pela delegação dos cinco países africanos lusófonos (Angola, Cabo Verde, Guiné-Bissau, Moçambique e São Tomé e Príncipe), as novas regras só devem entrar efetivamente em vigor, no Brasil, a partir de janeiro de 2009, conforme sugestão da Comissão para Definição da Política de Ensino-Aprendizagem, Pesquisa e Promoção da Língua Portuguesa (COLIP), vinculada ao Ministério da Educação e Cultura (MEC).

Eis aqui as alterações que deverão ocorrer na ortografia portuguesa a partir dessa data, bem como as novas formulações sobre o assunto, sobretudo – mas não exclusivamente – no que tange ao sistema ortográfico brasileiro, exposto no já citado *Pequeno Vocabulário Ortográfico da Língua Portuguesa* (1943).

Alfabeto

1. *Incorporação*, no alfabeto da língua portuguesa, das letras K, Y e W.

ANTES DO ACORDO

Darwin, Wagner, Kuwait, km, kg, Yeda, Ely, byroniano, Franklin, Kant, taylorista, Kwanza, malawiano, KLM, Watt, Kardec, Kepler, Washington, WWW, kart, yoga.

A PARTIR DO ACORDO

Darwin, Wagner, Kuwait, km, kg, Yeda, Ely, byroniano, Franklin, Kant, taylorista, Kwanza, malawiano, KLM, Watt, Kardec, Kepler, Washington, WWW, kart, yoga.

> **Observação:** antes do acordo, as letras K, Y e W não faziam parte do alfabeto do português, aparecendo em casos especiais (abreviaturas e estrangeirismos); a partir do acordo passam a vigorar oficialmente em nosso alfabeto.

2. *Manutenção* ou *simplificação*, nos nomes próprios hebraicos de tradição bíblica, dos dígrafos finais -ch, -ph e -th pronunciados.

   ANTES DO ACORDO
   Baruch, Enoch, Moloch, Loth, Ziph.

   A PARTIR DO ACORDO
   Baruch ou Baruc, Enoch ou Enoc, Moloch ou Moloc, Loth ou Lot, Ziph ou Zif.

3. *Eliminação* ou *adaptação*, nos nomes próprios hebraicos de tradição bíblica, dos dígrafos finais -ch, -ph e -th mudos e de alguns pronunciados.

   ANTES DO ACORDO
   Joseph ou José, Nazareth ou Nazaré, Judith ou Judite, Beth ou Bete, Ruth ou Rute.

   A PARTIR DO ACORDO
   José, Nazaré, Judite, Bete, Rute.

   Observação: evidentemente, para efeito legal, deve permanecer a ortografia dos nomes próprios registrados em Cartório de Registro Civil.

4. *Manutenção* ou *eliminação*, em antropônimos e topônimos consagrados pelo uso, das consoantes finais.

ANTES DO ACORDO

David ou Davi, Jacob ou Jacó, Madrid ou Madri, Job ou Jó, Josafat ou Josafá.

A PARTIR DO ACORDO

David ou Davi, Jacob ou Jacó, Madrid ou Madri, Job ou Jó, Josafat ou Josafá.

> **Observação:** a intenção dessa regra é apenas consagrar um uso já comum na ortografia portuguesa, embora ainda não tivesse sido definida antes do acordo.

5. *Substituição*, sempre que possível, dos topônimos estrangeiros por formas vernáculas correspondentes.

ANTES DO ACORDO

Anvers ou Antuérpia, Milano ou Milão, Zürich ou Zurique, München ou Munique, Bordeaux ou Bordéus, Génève ou Genebra, Torino ou Turim, London ou Londres, Shangai ou Xangai, Nova York ou Nova Iorque, Lion ou Lião, Quebec ou Quebeque.

A PARTIR DO ACORDO

Antuérpia, Milão, Zurique, Munique, Bordéus, Genebra, Turim, Londres, Xangai, Nova Iorque, Lião, Quebeque.

> **Observação:** os topônimos grafados na forma original, isto é, com a grafia estrangeira, são muito mais comuns no Brasil do que em Portugal, devendo haver, a partir do acordo, uma unificação em favor das formas vernáculas. Topônimos que não possuem, tradicionalmente, correspondente no vernáculo devem manter sua grafia original: Washington, Los Angeles, Buenos Aires, Zagreb etc.

Letras maiúsculas e minúsculas

1. *Emprego* da letra minúscula nos nomes de meses, estações do ano e dias de semana.

   ANTES DO ACORDO

   janeiro, fevereiro, março, abril, maio, junho, julho, agosto, setembro, outubro, novembro, dezembro, primavera, verão, outono, inverno, segunda, terça, quarta, quinta, sexta, sábado, domingo.

   A PARTIR DO ACORDO

   janeiro, fevereiro, março, abril, maio, junho, julho, agosto, setembro, outubro, novembro, dezembro, primavera, verão, outono, inverno, segunda, terça, quarta, quinta, sexta, sábado, domingo.

2. *Emprego* da letra minúscula nos nomes dos pontos cardeais.

ANTES DO ACORDO

Norte, Sul, Leste, Oeste, Sudeste, Nordeste, Noroeste, Sueste.

A PARTIR DO ACORDO

norte, sul, leste, oeste, sudeste, nordeste, noroeste, sueste.

3. *Emprego facultativo* da letra minúscula nos vocábulos que compõem uma citação bibliográfica, com exceção do primeiro vocábulo e daqueles obrigatoriamente grafados com maiúscula.

ANTES DO ACORDO

Memórias Póstumas de Brás Cubas, Grande Sertão: Veredas, Casa-Grande e Senzala, O Crime do Padre Amaro, O Espírito das Leis, Em Busca do Tempo Perdido, A Montanha Mágica, Crime e Castigo, O Crepúsculo dos Deuses.

A PARTIR DO ACORDO

Memórias Póstumas de Brás Cubas ou Memórias póstumas de Brás Cubas, Grande Sertão: Veredas ou Grande sertão: veredas, Casa-Grande e Senzala ou Casa--grande e senzala, O Crime do Padre Amaro ou O crime do Padre Amaro, O Espírito das Leis ou O espírito das leis, Em Busca do Tempo Perdido ou Em busca do tempo perdido, A Montanha Mágica ou A montanha mágica, Crime e Castigo ou Crime e castigo, O Crepúsculo dos Deuses ou O crepúsculo dos deuses.

4. *Emprego facultativo* de minúscula nas formas de tratamento e reverência (axiônimos), bem como em nomes sagrados e que designam crenças religiosas (hagiônimos).

ANTES DO ACORDO

Santa Isabel, Doutor Carlos Ferreira, Papa João Paulo II, Governador Mário Covas, Senhor Roberto, Excelentíssimo Senhor Reitor, Vossa Reverendíssima.

A PARTIR DO ACORDO

Santa Isabel ou santa Isabel, Doutor Carlos Ferreira ou doutor Carlos Ferreira, Papa João Paulo II ou papa João Paulo II, Governador Mário Covas ou governador Mário Covas, Senhor Roberto ou senhor Roberto, Excelentíssimo Senhor Reitor ou excelentíssimo senhor reitor, Vossa Reverendíssima ou vossa reverendíssima.

5. *Emprego facultativo* de minúscula nos nomes que designam domínios do saber e formas afins.

ANTES DO ACORDO

Português, Educação Física, História do Brasil, Arte Medieval, Lingüística, Arquitetura, História da América, Geografia Humana, Química Quântica,

Astrofísica, Biologia Marinha, Cultura Geral, Informática, Pintura, Artes Plásticas, Letras Clássicas e Vernáculas.

A PARTIR DO ACORDO

Português ou português, Educação Física ou educação física, História do Brasil ou história do Brasil, Arte Medieval ou arte medieval, Lingüística ou lingüística, Arquitetura ou arquitetura, História da América ou história da América, Geografia Humana ou geografia humana, Química Quântica ou química quântica, Astrofísica ou astrofísica, Biologia Marinha ou biologia marinha, Cultura Geral ou cultura geral, Informática ou informática, Pintura ou pintura, Artes Plásticas ou artes plásticas, Letras Clássicas e Vernáculas ou letras clássicas e vernáculas.

6. *Emprego facultativo* de maiúscula inicial em logradouros públicos, templos e edifícios.

ANTES DO ACORDO

Rua do Ouvidor, Estrada das Figueiras, Edifício Copan, Igreja do Rosário, Palácio do Governo, Túnel Rebouças, Rodovia Castelo Branco, Bairro da Mooca.

A PARTIR DO ACORDO

Rua do Ouvidor ou rua do Ouvidor, Estrada das Figueiras ou estrada das Figueiras, Edifício Copan ou edifício Copan, Igreja do Rosário ou igreja do Rosário, Palácio do Governo ou palácio do Governo, Túnel Rebouças ou túnel Rebouças, Rodovia Castelo Branco ou rodovia Castelo Branco, Bairro da Mooca ou bairro da Mooca.

Acentuação

1. *Eliminação* do sinal de diérese intitulado trema, no –u seguido de g ou q e antes de -e ou -i.

   ANTES DO ACORDO

   lingüiça, agüentar, freqüente, conseqüência, cinqüenta, subseqüente, cinqüentenário, iniqüidade, eqüestre, lingüística, qüinqüênio antiqüíssimo, argüição, enxágüe.

   A PARTIR DO ACORDO

   linguiça, aguentar, frequente, consequência, cinquenta, subsequente, cinquentenário, iniquidade, equestre, linguística, quinquênio antiquíssimo, arguição, enxágue.

2. *Eliminação* do acento agudo nos ditongos abertos -ei, -oi, -eu das palavras paroxítonas.

   ANTES DO ACORDO

   idéia, assembléia, hebréia, Coréia, paranóico, jibóia, heróico, Galiléia, apóio.

A PARTIR DO ACORDO
ideia, assembleia, hebreia, Coreia, paranoico, jiboia, heroico, Galileia, apoio.

> **Observação:** a acentuação mantém-se nas palavras que apresentam as condições descritas na regra, mas que são oxítonas: anéis, batéis, fiéis, papéis, céu(s), chapéu(s), ilhéu(s), véu(s), corrói, herói(s), remói, sóis etc.

3. *Eliminação* do acento agudo nas palavras paroxítonas com -i e -u tônicos precedidos de ditongo.

   ANTES DO ACORDO
   cauíla, feiúra, baiúca, boiúno, boiúna, Sauípe, teiídeo.

   A PARTIR DO ACORDO
   cauila, feiura, baiuca, boiuno, boiuna, Sauipe, teiideo.

   > **Observação:** a acentuação mantém-se nas palavras que apresentam as condições descritas na regra, mas são proparoxítonas (maiúsculo, feiíssimo, cheiíssimo) ou possuem -i / -u não precedidos de ditongo (aí, cafeína, saída, saúde, país, viúvo, saístes, saúva).

4. *Eliminação* do acento agudo das palavras paroxítonas que possuam -u tônico precedido das letras g ou q, seguidas de -e ou -i.[1]

---

[1] Para a dupla grafia dos verbos terminados em -uar (averiguar, apaziguar, obliquar etc.), consultar a regra 11.

ANTES DO ACORDO

averigúe, apazigúe, apazigúem, argúem, argúi, obliqúe, redargúi, redargúem.

A PARTIR DO ACORDO

averigue, apazigue, apaziguem, arguem, argui, oblique, redargui, redarguem.

5. *Eliminação* do acento circunflexo nos encontros vocálicos -oo.

    ANTES DO ACORDO

    vôo, enjôo, môo, perdôo, corôo, côo, sôo, abençôo.

    A PARTIR DO ACORDO

    voo, enjoo, moo, perdoo, coroo, coo, soo, abençoo.

6. *Eliminação* do acento circunflexo nos encontros vocálicos -ee.

    ANTES DO ACORDO

    crêem, dêem, lêem, vêem, relêem, revêem, descrêem, antevêem.

    A PARTIR DO ACORDO

    creem, deem, leem, veem, releem, reveem, descreem, anteveem.

7. *Eliminação* dos acentos agudo e circunflexo nas seguintes palavras homógrafas (acento diferencial).

ANTES DO ACORDO

pára (verbo parar) e para (preposição); péla (verbo pelar), péla (substantivo) e pela (preposição); pólo (substantivo), pôlo (substantivo) e polo (preposição arcaica); pélo (verbo pelar), pêlo (substantivo) e pelo (preposição); pêro (substantivo) e pero (conjunção arcaica); pêra (substantivo), péra (substantivo) e pera (preposição arcaica).

A PARTIR DO ACORDO

para (verbo parar) e para (preposição); pela (verbo pelar), pela (substantivo) e pela (preposição); polo (substantivo), polo (substantivo) e polo (preposição arcaica); pelo (verbo pelar), pelo (substantivo) e pelo (preposição); pero (substantivo) e pero (conjunção arcaica); pera (substantivo), pera (substantivo) e pera (preposição arcaica).

8. *Manutenção* dos acentos agudo e circunflexo nas seguintes palavras homógrafas (acento diferencial).

ANTES DO ACORDO

pôde (3ª pessoa do singular do pretérito perfeito do indicativo) e pode (3ª pessoa do singular do presente do indicativo); pôr (verbo) e por (preposição); têm (3ª pessoa do plural do presente do indicativo) e tem (3ª pessoa do singular do presente do indicativo);

vêm (3ª pessoa do plural do presente do indicativo) e vem (3ª pessoa do singular do presente do indicativo); abstêm e todos os demais derivados do verbos ter (3ª pessoa do plural do presente do indicativo) e abstém e todos os demais derivados do verbos ter (2ª e 3ª pessoas do singular do presente do indicativo); convêm e todos os demais derivados do verbos vir (3ª pessoa do plural do presente do indicativo) e convém e todos os demais derivados do verbos vir (2ª e 3ª pessoas do singular do presente do indicativo).

A PARTIR DO ACORDO

pôde (3ª pessoa do singular do pretérito perfeito do indicativo) e pode (3ª pessoa do singular do presente do indicativo); pôr (verbo) e por (preposição); e demais formas verbais detalhadas acima.

9. *Emprego facultativo* dos acentos agudo e circunflexo nas seguintes palavras homógrafas (acento diferencial).

ANTES DO ACORDO

dêmos (1ª pessoa do plural do presente do subjuntivo) e demos (1ª pessoa do plural do pretérito perfeito do indicativo); fôrma (substantivo) e forma (substantivo, 3ª pessoa do singular do presente do indicativo ou 2ª pessoa do singular do imperativo); amámos e demais formas verbais da primeira conjugação (1ª pessoa do plural do pretérito perfeito do indicativo) e amamos e demais formas verbais da primeira conjugação (1ª pessoa do plural do presente do indicativo).

A PARTIR DO ACORDO

dêmos ou demos (1ª pessoa do plural do presente do subjuntivo) e demos (1ª pessoa do plural do pretérito perfeito do indicativo); fôrma ou forma (substantivo) e forma (substantivo, 3ª pessoa do singular do presente do indicativo ou 2ª pessoa do singular do imperativo); amámos e demais formas verbais da primeira conjugação ou amamos e demais formas verbais da primeira conjugação (1ª pessoa do plural do pretérito perfeito do indicativo) e amamos e demais formas verbais da primeira conjugação (1ª pessoa do plural do presente do indicativo).

10. *Emprego facultativo* da acentuação nos casos consagrados pelas duas ortografias oficiais.

ANTES DO ACORDO

econômico ou económico, acadêmico ou académico, fêmur ou fémur, bebê ou bebé, canapê ou canapé, matinê ou matiné, purê ou puré, judô ou judo, metrô ou metro, sumô ou sumo, Antônio ou António, prêmio ou prémio, gênero ou género, fenômeno ou fenómeno, bônus ou bónus, sêmen ou sémen, Fênix ou Fénix, ônix ou ónix, oxigênio ou oxigénio, sinfônico ou sinfónico, tênis ou ténis, cômico ou cómico, guichê ou guiché.

A PARTIR DO ACORDO

econômico ou económico, acadêmico ou académico, fêmur ou fémur, bebê ou bebé, canapê ou canapé, matinê ou matiné, purê ou puré, judô ou judo, metrô ou metro, sumô ou sumo, Antônio ou António, prêmio ou prémio, gênero ou género, fenômeno ou fenómeno, bônus ou bónus, sêmen ou sémen, Fênix ou Fénix, ônix ou ónix, oxigênio ou oxigénio, sinfônico ou sinfónico, tênis ou ténis, cômico ou cómico, guichê ou guiché.

11. *Emprego facultativo* da acentuação nas formas conjugadas dos verbos terminados em -guar, -quar e -quir.

ANTES DO ACORDO

averiguo, averigua, averigúe, enxáguo, enxágua, enxáguam, enxágüe, águo, obliquo, apaziguo, delínque, apropínquo.

A PARTIR DO ACORDO

averiguo ou averíguo, averigua ou averígua, averigue ou averígue, enxáguo ou enxaguo, enxágua ou enxagua, enxáguam ou enxaguam, enxague ou enxágue, águo ou aguo, obliquo ou oblíquo, apaziguo ou apazíguo, delinque ou delínque, apropinquo ou apropínquo.

Hífen

1. *Eliminação* do hífen em palavras compostas cuja noção de composição, em certa medida, se perdeu.

   ANTES DO ACORDO
   pára-quedas, manda-chuva, madressilva, girassol, pontapé, pára-choque, roda-viva, cabra-cega, ferro-velho, ferromodelismo, bate-boca, toca-fitas.

   A PARTIR DO ACORDO
   paraquedas, mandachuva, madressilva, girassol, pontapé, parachoque, rodaviva, cabracega, ferrovelho, ferromodelismo, bateboca, tocafitas.

2. *Eliminação* do hífen em vocábulos derivados por prefixação, cujo prefixo terminar em vogal e o segundo elemento iniciar-se por consoante.

   ANTES DO ACORDO
   contra-regra, extra-regular, anti-semita, ultra-sonografia, neo-republicano, proto-revolucionário, semi-selvagem, ultra-sensível, supra-renal, contra-senha, co-seno, infra-som, minissaia, eletrossiderurgia, microssistema, microrradiografia, minissérie, contra-senso, proto-satélite, ultra-romântico, ultra-

secreto, extra-solar, supra-sumo, microci-rurgia, semicírculo.

A PARTIR DO ACORDO

contrarregra, extrarregular, antissemita, ultrassonografia, neorrepublicano, protorrevolucionário, semisselvagem, ultrassensível, suprarrenal, contrassenha, cosseno, infrassom, minissaia, eletrossiderurgia, microssistema, microrradiografia, minissérie, contrassenso, protossatélite, ultrarromântico, ultrassecreto, extrassolar, suprassumo, microcirurgia, semicírculo.

3. *Eliminação* do hífen em vocábulos derivados por prefixação, cuja vogal final do prefixo é diferente da vogal inicial do segundo elemento.

ANTES DO ACORDO

antieconômico, extra-escolar, auto-aprendizado, contra-indicado, intra-ocular, auto-educação, extra-oficial, antiaéreo, co-educação, aeroespacial, auto-estrada, auto-aprendizagem, agroindustrial, hidroelétrico, plurianual, auto-adesivo, contra-exemplo, auto-ajuda, intra-oral, auto-escola, co-editor, contra-oferta, auto-estima, coirmão.

A PARTIR DO ACORDO

antieconômico, extraescolar, autoaprendizado, contraindicado, intraocular, autoeducação, extraoficial, antiaéreo, coeducação, aeroespacial, autoestrada, autoaprendizagem, agroindustrial, hidroelétrico, plurianual, autoadesivo, contraexemplo, autoajuda, intraoral, autoescola, coeditor, contraoferta, autoestima, coirmão.

4. *Eliminação* do hífen nas formas conjugadas do verbo haver seguido da preposição de.

ANTES DO ACORDO
hei-de ou hei de, há-de ou há de, hão-de ou hão de, havemos-de ou havemos de, haverei-de ou haverei de, haveremos-de ou haveremos de.

A PARTIR DO ACORDO
hei de, há de, hão de, havemos de, haverei de, haveremos de.

> **Observação:** deve-se atentar para o fato de somente na norma ortográfica lusitana o emprego desse hífen era obrigatório, uma vez que a norma ortográfica brasileira já dispensava seu uso.

5. *Manutenção* do hífen em palavras compostas por justaposição cujos elementos constituem uma unidade semântica, mas mantêm uma tonicidade própria; e em compostos que designam espécies botânicas e zoológicas.

ANTES DO ACORDO
ano-luz, arco-íris, decreto-lei, médico-cirurgião, tenente-coronel, tio-avô, alcaide-mor, amor-perfeito,

guarda-noturno, mato-grossense, norte-americano, porto-alegrense, sul-africano, afro-asiático, azul-escuro, luso-brasileiro, primeiro-ministro, segunda-feira, conta-gotas, finca-pé, guarda-chuva, couve-flor, carta-bilhete, vitória-régia, cirurgião-dentista, abaixo-assinado, ave-maria, erva-doce, feijão-verde, formiga-branca, bem-te-vi.

A PARTIR DO ACORDO

ano-luz, arco-íris, decreto-lei, médico-cirurgião, tenente-coronel, tio-avô, alcaide-mor, amor-perfeito, guarda-noturno, mato-grossense, norte-americano, porto-alegrense, sul-africano, afro-asiático, azul-escuro, luso-brasileiro, primeiro-ministro, segunda-feira, conta-gotas, finca-pé, guarda-chuva, couve-flor, carta-bilhete, vitória-régia, cirurgião-dentista, abaixo-assinado, ave-maria, erva-doce, feijão-verde, formiga-branca, bem-te-vi.

Observação: atente-se para o fato de, se comparada com a regra 1, esta se caracteriza como uma das propostas mais polêmicas do acordo, em razão de suas bases não explicitarem os casos em que as mudanças devem ocorrer. Regra 5: "emprega-se o hífen nas palavras compostas por justaposição que não contêm formas de ligação e cujos elementos [...] constituem uma unidade sintagmática e semântica e mantêm acento próprio". Regra 1: "compostos, em relação aos quais se perdeu, *em certa medida*, a noção de composição, grafam-se aglutinadamente" (grifo meu).

6. *Manutenção* do hífen em vocábulos derivados por prefixação cujo segundo elemento iniciar-se por h.

   ANTES DO ACORDO

   pré-história, semi-hospitalar, geo-história, sub-hepático, anti-higiênico, co-herdeiro, contra-harmônico, extra-humano, super-homem, ultra-hiperbólico, neo-helênico, pan-helenismo, super-homem.

   A PARTIR DO ACORDO

   pré-história, semi-hospitalar, geo-história, sub-hepático, anti-higiênico, co-herdeiro, contra-harmônico, extra-humano, super-homem, ultra-hiperbólico, neo-helênico, pan-helenismo, super-homem.

7. *Manutenção* do hífen em vocábulos derivados por prefixação cuja consoante final do prefixo é r e o segundo elemento também iniciar-se por r; ou com os prefixos circum- e pan- com o segundo elemento iniciado por vogal, m ou n; ou em qualquer condição para alguns prefixos (além-, ex-, sota-, soto-, vice-, vizo-, pós-, pré-, pró-, grã-, grão).

   ANTES DO ACORDO

   hiper-reativo, inter-relacionado, super-resistente, super-requintado; circum-escolar, circum-murado, circum-navegação, pan-africano, pan-mágico, pan-negritude, pan-americano; além-mar, ex-almirante, ex-diretor, ex-hospedeira, ex-presidente, ex-primeiro-ministrro, sota-piloto, soto-mestre, vice-presidente, vice-reitor, vizo-rei, pós-graduação, pós-tônico, pré-escolar, pré-natal, pró-africano,pró-europeu, grã-duque, grã-fina, grão-cruz, grão-mestre.

A PARTIR DO ACORDO

hiper-reativo, inter-relacionado, super-resistente, super-requintado; circum-escolar, circum-murado, circum-navegação, pan-africano, pan-mágico, pan-negritude, pan-americano; além-mar, ex-almirante, ex-diretor, ex-hospedeira, ex-presidente, ex-primeiro-ministro, sota-piloto, soto-mestre, vice-presidente, vice-reitor, vizo-rei, pós-graduação, pós-tônico, pré-escolar, pré-natal, pró-africano, pró-europeu, grã-duque, grã-fina, grão-cruz, grão-mestre.

8. *Inclusão* do hífen em vocábulos derivados por prefixação cujo prefixo terminar por vogal igual à vogal inicial do segundo elemento.

ANTES DO ACORDO

antiinflacionário, arquiinimigo, autoônibus, pseudo-organizado, mega-ação, antiimperialista, micro-organismo, antiibérico, supra-auricular, arquiirmandade, autoobservação, semi-interno, microondas, antiinflacionário, contra-ataque, intra-arterial.

A PARTIR DO ACORDO

anti-inflacionário, arqui-inimigo, auto-ônibus, pseudo-organizado, mega-ação, anti-imperialista, micro-organismo, anti-ibérico, supra-auricular, arqui-irmandade, auto-observação, semi-interno, micro-ondas, anti-inflacionário, contra-ataque, intra-arterial.

Letras mudas

1. *Eliminação* de consoantes mudas não pronunciadas.

   ANTES DO ACORDO

   acção, baptizar, directo, adoptar, objecção, acto, óptimo, accionar, abstracção, actual, fraccionar, selecção, electricidade, projecto, adopção, Egipto.

   A PARTIR DO ACORDO

   ação, batizar, direto, adotar, objeção, ato, ótimo, acionar, abstração, atual, fracionar, seleção, eletricidade, projeto, adoção, Egito.

> **Observação:** trata-se de uma regra que tem particular incidência sobre a articulação lusitana, já que não é comum, na grafia brasileira, casos de consoantes mudas não pronunciadas, com exceção do h.

2. *Emprego facultativo* de consoantes mudas pronunciadas.

ANTES DO ACORDO

facto ou fato, sector ou setor, carácter ou caráter, amnistia ou anistia, sumptuoso ou suntuoso, excepcional ou excecional, concepção ou conceção, peremptório ou perentório, assumpção ou assunção, aspecto ou aspeto, sector ou setor, ceptro ou cetro, corrupto ou corruto, recepção ou receção, subtil ou sutil, amígdala ou amídala, indemnizar ou indenizar, omnipotente ou onipotente, omnisciente ou onisciente, infeccioso ou infecioso, dicção ou dição, decepcionar ou dececionar, ceptro ou cetro, súbdito ou súdito, aritmética ou arimética.

A PARTIR DO ACORDO

facto ou fato, sector ou setor, carácter ou caráter, amnistia ou anistia, sumptuoso ou suntuoso, excepcional ou excecional, concepção ou conceção, peremptório ou perentório, assumpção ou assunção, aspecto ou aspeto, sector ou setor, ceptro ou cetro, corrupto ou corruto, receção ou receção, subtil ou sutil, amígdala ou amídala, indemnizar ou indenizar, omnipotente ou onipotente, omnisciente ou onisciente, infeccioso ou infecioso, dicção ou dição, decepcionar ou dececionar, ceptro ou cetro, súbdito ou súdito, aritmética ou arimética.

Grafia de derivados

1. *Uniformização* dos sufixos -iano e -iense (em vez de -ano e -ense) em vocábulos derivados de palavras terminadas por -e(s).

   ANTES DO ACORDO
   acreano ou acriano (de Acre), açoriano (de Açores), euclidiano (de Euclides), camoniano (de Camões), cabo-verdiano (de Cabo Verde), sofocliano (de Sófocles), freudiano (de Freud), marciano (de Marte), georgiano (de George), quebequense (de Quebeque), torrense (de Torres), zairense (de Zaire).

   A PARTIR DO ACORDO
   acriano (de Acre), açoriano (de Açores), euclidiano (de Euclides), camoniano (de Camões), cabo-verdiano (de Cabo Verde), sofocliano (de Sófocles), freudiano (de Freud), marciano (de Marte), georgiano (de George), quebequiense (de Quebeque), torriense (de Torres), zairiense (de Zaire).

2. *Uniformização* das terminações átonas -io e -ia (em vez de -eo e -ea) nos substantivos que constituem variações de outros substantivos terminados em vogal.

   ANTES DO ACORDO
   hástia ou hástea, réstia, véstia, béstia.

   A PARTIR DO ACORDO
   hástia, réstia, véstia, béstia.

3. *Variação* da conjugação de verbos terminados em -iar, provenientes de substantivos terminados em -ia ou -io átonos.

   ANTES DO ACORDO
   negocio (de negócio), premio (de prêmio), noticio (de notícia), calunio (calúnia), conferencio (conferência), compendio (compêndio), influencio (influência), principio (princípio), penitencio (penitência); medeio (médio), anseio (ânsia), remedeio (remédio), incendeio (incêndio), odeio (ódio).

   A PARTIR DO ACORDO
   negocio ou negoceio (de negócio), premio ou premeio (de prêmio), noticio ou noticeio (de notícia), calunio ou caluneio (calúnia), conferencio ou conferenceio (conferência), compendio ou compedeio (compêndio), influencio ou influenceio

(influência), principio ou principeio (princípio), penitencio ou penitenceio (penitência); medeio ou medio (médio), anseio ou ansio (ânsia), remedeio ou remedio (remédio), incendeio ou incendio (incêndio), odeio ou odio (ódio).

Observação: trata-se de uma das regras mais polêmicas, em razão da indefinição das bases do Acordo e da grande variedade de pronúncias em Portugal e no Brasil.

Conclusão

Pelas regras expostas anteriormente, percebe-se que o Acordo Ortográfico da Língua Portuguesa (1986/1990) propõe uma unificação parcial, não solucionando definitivamente o "problema" das diferenças ortográficas entre os países lusófonos, aliás um dos principais argumentos empregados por seus detratores. Versando sobre uma série de detalhes da escrita em língua portuguesa, que vão da utilização do hífen à acentuação gráfica, passando pelo emprego de letras maiúsculas ou pela separação silábica, o novo acordo pretende, contudo, homogeneizar ao máximo a grafia dos vocábulos, promovendo, para tanto, modificações estruturais na forma de escrever algumas palavras do idioma. Embora o acordo pretenda manter a maior parte dos recursos ortográficos atualmente vigentes, não resta dúvida de que as poucas modificações propostas já são suficientes para colocar os escritores, editores, professores, lingüistas e utentes da língua em geral sob reserva e suspeição.

Os principais argumentos contrários ao acordo, empregados por seus críticos, nascem do reconhecimento da falta de um debate mais amplo e democrático em torno da mudanças propostas, as quais, segundo eles, acabaram sendo monopolizadas por alguns poucos representantes das academias portuguesa e brasileira.

A partir daí, condena-se ainda o que se podem considerar equívocos lingüísticos resultantes do acordo, os quais promoveriam, na concepção de alguns, irreversível descaracterização do idioma, tais como a supressão das consoantes mudas, o surgimento, em razão do motivo anterior, de maior quantidade de homônimos, a opacidade etimológica de alguns vocábulos, o exagero permissivo de formas facultativas, a obliteração da diferenciação semântica garantida pelo uso do hífen etc.

Para além das questões aqui assinaladas, de ordem interna do código lingüístico, há, ainda segundo seus opositores, fatores extralingüísticos que deverão sofrer alterações com conseqüências imprevisíveis: o mais evidente de todos diz respeito ao mercado editorial e à indústria cultural dos países signatários do acordo, já que milhões de volumes – sobretudo obras didáticas, dicionários e livros escolares – ficarão "inutilizados", além do que a produção de obras para substituí-los acarretaria custos de produção e aquisição demasiadamente altos.

Há que se salientar o fato de que, na perspectiva dos críticos lusitanos, Portugal estaria em franca desvantagem no que diz respeito à maneira como os vocábulos deveriam ser grafados a partir da vigência do acordo, já que, a seu ver, a maior parte das alterações representam uma concessão da ortografia portuguesa em relação à brasileira, além de acreditarem que quase todas as alterações constituem uma violência imposta aos conhecimentos e sensibilidade dos portugueses que aprenderam a ortografia anterior.[1]

Desde sua primeira aparição na imprensa, o Acordo Ortográfico sofreu diversas contestações por parte de seus opositores, possibilitando toda sorte de críticas, que vão do reconhecimento de seus limites práticos, responsáveis por tornar a grafia do português, em alguns aspectos, ainda mais complexa, até, do ponto de vista pedagógico, as dificuldades de aprendizagem que as mudanças poderão gerar, bem como sua ineficácia como elemento inibidor do analfabetismo. É sobre este último aspecto, aliás, que Alice Sabóia reconhece – a partir da pesquisa com dados que coletou, acerca do sistema gráfico-acentual do português oficial, em escolas brasileiras – que as discussões em torno da última proposta de reforma ortográfica revelam, para alguns críticos,

---

[1] Cf. CASTRO, Ivo; DUARTE, Inês e LEIRIA, Isabel (orgs.). *A demanda da ortografia portuguesa*. Lisboa: Sá da Costa, 1987.

uma falta de compromisso com a fase de aquisição da escrita por seus usuários.[2]

Ao longo dos séculos, a história da ortografia portuguesa foi procurando aperfeiçoamentos progressivos de legibilidade, tentando tornar a escrita, tanto quanto possível, um verdadeiro *retrato* da língua. Lamentavelmente, dizem seus críticos, a nova proposta não reduz o número de regras, além de continuar mantendo várias exceções. Para piorar ainda mais o quadro, as poucas modificações realizadas teriam sido formuladas de modo relativamente complexo, além de, em quase todos os casos em que se sugerem alterações gráficas, o novo Acordo Ortográfico reproduzir praticamente as mesmas regras usadas nos acordos e reformas anteriores, como os de 1945 e 1971. As poucas modificações que há nele são formuladas de tal maneira que poderão confundir ainda mais os usuários já acostumados com a ortografia vigente. Como lembra o gramático Evanildo Bechara, é preciso levar em consideração, nesse novo acordo, uma série de fenômenos lingüísticos (a acentuação tônica relativa aos contrastes de timbre aberto e fechado, as variantes fonéticas de língua, o uso do hífen etc.), a fim de se realizar um trabalho realmente condizente com as necessidades práticas da língua escrita.[3]

---

[2] Cf. SABÓIA, Alice Maria Teixeira de. "A dupla perspectiva de abrangência das regras ortográficas". *Confluência*. Rio de Janeiro, 1º semestre, n. 5, pp. 182-92, 1997.
[3] Cf. BECHARA, Evanildo. "Em demanda dos enlaces na sistematização ortográfica". *Brasil e Portugal. 500 anos de enlaces e desenlaces*. Rio de Janeiro: Real Gabinete Português de Leitura, 2000, pp. 130-38.

Portanto, partindo da constatação inegável de que a língua portuguesa – que, apesar das enormes diferenças fonológicas, lexicais e sintáticas, é falada em vários países – conhece uma diversidade que nunca prejudicou substancialmente seu intercâmbio cultural, científico e econômico, seus opositores consideram que, feito de maneira unilateral, o novo acordo pode, de certo modo, descaracterizá-la, uma vez que interfere artificialmente na língua, resultando inclusive na redução de sua pluralidade.

Tendo participado, desde o início, da formulação da proposta para o novo Acordo Ortográfico, o eminente lingüista português Herculano de Carvalho lembra, primeiro, que as regras ortográficas devem ter mais um caráter normativo (isto é, devem ser condizentes com a necessidade da escrita) do que compulsivo; e, segundo, que a reforma ortográfica deve visar tanto à unificação gráfica do português quanto à simplificação de sua escrita, o que, segundo ele, não está totalmente contemplado na última proposta do Acordo.[4]

Mas nem só de contestações vive o referido Acordo, já que os argumentos utilizados por seus defensores são igualmente amplos e convincentes, apoiando-se, sobretudo, na idéia geral de que, uma vez unificado do ponto de vista ortográfico, o português impulsionaria os países lusófonos rumo ao mundo desenvolvido, facilitando-lhes o intercâmbio cultural, pedagógico e administrativo.

---

[4] Cf. CARVALHO, José G. Herculano de. "Ortografia e as ortografias do português". *Confluência*. Rio de Janeiro, 1° semestre, n. 13, pp. 39-46, 1997.

Semelhante afirmação tem, primeiro, uma implicação editorial: para aqueles que apóiam o novo Acordo, uma ortografia padronizada facilitaria o intercâmbio de livros, material didático, publicações científicas, instrumentos lingüísticos (gramáticas e dicionários), documentos oficiais etc., tudo sem que houvesse necessidade de adaptações. Há ainda uma implicação mais ideológica, expressa no fato de a unificação ortográfica supostamente contribuir com a identidade lingüística lusófona, além de colaborar com a afirmação idiomática nacional e internacional.

Contudo, deve-se considerar que, mais importante do que um acordo ortográfico preocupado meramente com a unificação gráfica do idioma e imposto a seus utentes de modo unilateral, uma política lingüística responsável deve empenhar-se no sentido de promover a difusão da língua portuguesa mundialmente, valorizar seu legado cultural, por meio de uma ação diplomática dos países lusófonos e, principalmente, promover ações conjuntas de caráter pedagógico, no sentido de conferir aos habitantes dos territórios que têm o português como língua oficial condições de adquirirem a tão almejada competência lingüística no próprio idioma.

Bibliografia

ACORDO para a unidade ortográfica da língua portuguesa. São Paulo: Imprensa Oficial do Estado, 1946.
BARROSO, Gustavo. *A ortografia oficial*. Rio de Janeiro: Civilização Brasileira, 1933.
BASES da ortografia portuguesa. Coimbra: s.e., 1911.
BECHARA, Evanildo. "Em demanda dos enlaces na sistematização ortográfica". *Brasil e Portugal. 500 Anos de enlaces e desenlaces*. Rio de Janeiro: Real Gabinete Português de Leitura, 2000, pp. 130-38.
BRITTO, Florianno de. "A reforma ortographica". *Revista de Língua Portuguesa*, Rio de Janeiro, n. 9, pp. 119-48, jan. 1921.
BUESCU, Maria Leonor Carvalhão. *Historiografia da língua portuguesa. Século XVI*. Lisboa: Sá da Costa, 1984.
CÂMARA JÚNIOR, Joaquim Mattoso. *Estrutura da língua portuguesa*. Petrópolis: Vozes, 1983.
CAMARGO, Paulo. *A reforma ortográfica*. São Paulo: Zenite, 1931.
CARVALHO, José G. Herculano de. "Ortografia e as ortografias do português". *Confluência*. Rio de Janeiro, 1º semestre, n. 13, pp. 39-46, 1997.
CASTRO, Ivo; DUARTE, Inês; e LEIRIA, Isabel (orgs.). *A demanda da ortografia portuguesa*. Lisboa: Sá da Costa, 1987.
CUNHA, Antônio Geraldo da. *Vocabulário ortográfico Nova Fronteira da língua portuguesa*. Rio de Janeiro: Nova Fronteira, 1983.
CUNHA, Celso. *Uma política do idioma*. Rio de Janeiro: Tempo Brasileiro, 1976.
_____. *Língua portuguesa e realidade brasileira*. Rio de Janeiro: Tempo Brasileiro, 1986.

ESTRELA, Edite. *A questão ortográfica. Reforma e Acordos da língua portuguesa.* Lisboa: Editorial Notícias, s.d.
FÁVERO, Leonor Lopes. *As concepções lingüísticas no século XVIII:* a gramática portuguesa. Campinas: Unicamp, 1996.
FONSECA, Fernando Peixoto. *Noções de história da língua portuguesa.* Lisboa: Livraria Clássica, 1959.
GONÇALVES, Rebelo. *Tratado de ortografia da língua portuguesa.* s.l., Atlântida, 1947.
HOUAISS, Antônio. *A nova ortografia da língua portuguesa.* São Paulo: Ática, 1991.
ILARI, Rodolfo; BASSO, Renato. *O português da gente:* a língua que estudamos, a língua que falamos. São Paulo: Contexto, 2006.
KLINGER, Bertoldo. *Ortografia simplificada brazileira.* Rio de Janeiro: Americana, 1940.
LAPA, M. Rodrigues. *Estilística da língua portuguesa.* Coimbra: Coimbra, 1975.
LUFT, Celso Pedro. *Grande manual de ortografia Globo.* Porto Alegre: Globo, 1983.
MELO, Gladstone Chaves de. *A língua do Brasil.* Rio de Janeiro: Fundação Getúlio Vargas, 1975.
NEVES, Maria Helena de Moura. *Texto e gramática.* São Paulo: Contexto, 2006.
NUNES, José de Sá. *Formulário da ortografia portuguesa.* São Paulo:Nacional, 1944.
O INSTITUTO Brasileiro de Geografia e Estatística e a Ortografia (Documentário Oferecido e Dedicado à Academia Brasileira da Letras). Rio de Janeiro: s.e., 1941.
PINTO, Edith Pimentel. *O português do Brasil:* textos críticos e teóricos – 1820-1920 – fontes para a teoria e a história. São Paulo: Edusp, 1978, pp. xv-lviii.
RAMOS, Silva. *A reforma ortográfica e a Academia Brasileira de Letras.* Rio de Janeiro: Livraria Azevedo, 1926.
RIBEIRO, João. *A língua nacional e outros estudos lingüísticos.* Petrópolis: Vozes, 1979.
RIBEIRO, Nogueira. *Preceituário da ortografia nacional.* Rio de Janeiro: Editorial Peixoto, 1943.
ROBERTS, Ian e KATO, Mary A. (orgs). *Português brasileiro:* uma viagem diacrônica. Campinas: Unicamp, 1993.
SABÓIA, Alice Maria Teixeira de. "A dupla perspectiva de abrangência das regras ortográficas". *Confluência.* Rio de Janeiro, 1° semestre, n. 5, pp. 182-192, 1997.
SILVA, A. M. de Sousa e. *Preceituário da ortografia oficial.* Rio de Janeiro: A Noite, 1942.
SILVA, Maurício. "Reforma ortográfica e nacionalismo lingüístico no Brasil: uma abordagem histórico-discursiva". *Letras,* Campinas, Pontifícia Universidade Católica de Campinas, vol. 20, n. 1/2, pp. 99-122, dez. 2001.
_____. "Superando a 'anarquia ortográfica': a Academia Brasileira de Letras e a reforma ortográfica da língua portuguesa (1907)". In: PETTER, Margarida M. T. (coord.) *Língua:* uma questão de regras e de usos. São Paulo: SDI/FFLCH/USP, 2003, pp. 135-43.
SILVEIRA, Sousa da. "A ortografia da língua portuguesa". *Revista de Língua Portuguesa,* Rio de Janeiro, n. 7, pp. 139-46, set. 1920.
TAUNAY, Affonso de. *Insufficiencia e deficiencia dos grandes diccionarios portuguezes.* Tours: Arrault, 1928.
TORRES, Artur de Almeida. "Unidade da língua portuguesa. Histórico da ortografia luso-brasileira". *Romanitas,* Rio de Janeiro, v. 11, pp. 417-18, 1972.

O Acordo

Acordo Ortográfico da Língua Portuguesa

Considerando que o projecto de texto de ortografia unificada de língua portuguesa aprovado em Lisboa, em 12 de outubro de 1990, pela Academia das Ciências de Lisboa, Academia Brasileira de Letras e delegações de Angola, Cabo Verde, Guiné-Bissau, Moçambique e São Tomé e Príncipe, com a adesão da delegação de observadores da Galiza, constitui um passo importante para a defesa da unidade essencial da língua portuguesa e para o seu prestígio internacional;

Considerando que o texto do Acordo que ora se aprova resulta de um aprofundado debate nos países signatários:

A República Popular de Angola, a República Federativa do Brasil, a República de Cabo Verde, a República da Guiné-Bissau, a República de Moçambique, a República Portuguesa e a República Democrática de São Tomé e Príncipe acordam no seguinte:

Artigo 1.º

É aprovado o Acordo Ortográfico da Língua Portuguesa, que consta como anexo I ao presente instrumento de aprovação, sob a designação de

Acordo Ortográfico da Língua Portuguesa (1990), e vai acompanhado da respectiva nota explicativa, que consta como anexo II ao mesmo instrumento de aprovação, sob a designação de Nota Explicativa do Acordo Ortográfico da Língua Portuguesa (1990).

Artigo 2.º

Os Estados signatários tomarão, através das instituições e órgãos competentes, as providências necessárias com vista à elaboração, até 1º de janeiro de 1993, de um vocabulário ortográfico comum da língua portuguesa, tão completo quanto desejável e tão normalizador quanto possível, no que se refere às terminologias científicas e técnicas.

Artigo 3.º

O Acordo Ortográfico da Língua Portuguesa entrará em vigor em 1º de janeiro de 1994, após depositados os instrumentos de ratificação de todos os Estados junto do Governo da República Portuguesa.

Artigo 4.º

Os Estados signatários adoptarão as medidas que entenderem adequadas ao efectivo respeito da data da entrada em vigor estabelecida no artigo 3.º

Em fé do que os abaixo assinados, devidamente credenciados para o efeito, aprovam o presente Acordo, redigido em língua portuguesa, em sete exemplares, todos igualmente autênticos.

Assinado em Lisboa, em 16 de dezembro de 1990.

BASE I
DO ALFABETO E DOS NOMES PRÓPRIOS ESTRANGEIROS E SEUS DERIVADOS

1º) O alfabeto da língua portuguesa é formado por vinte e seis letras, cada uma delas com uma forma minúscula e outra maiúscula:

a A (á)
b B (bê)
c C (cê)
d D (dê)
e E (é)
f F (efe)

g G (gê ou guê)
h H (agá)
i I (i)
j J (jota)
k K (capa ou cá)
l L (ele)
m M (eme)
n N (ene)
o O (o)
p P (pê)
q Q (quê)
r R (erre)
s S (esse)
t T (tê)
u U (u)
v V (vê)
w W (dáblio)
x X (xis)
y Y (ípsilon)
z Z (zê)
Obs.:
1. Além destas letras, usam-se o ç (cê cedilhado) e os seguintes dígrafos:
rr (erre duplo), ss (esse duplo), ch (cê-agá), lh (ele-agá), nh (ene-agá), gu (guê-u) e qu (quê-u).
2. Os nomes das letras acima sugeridos não excluem outras formas de as designar.

2º) As letras k, w e y usam-se nos seguintes casos especiais:
a) Em antropónimos/antropônimos originários de outras línguas e seus derivados: Franklin, ftankliniano; Kant, kantistno; Darwin, darwinismo: Wagner, wagneriano, Byron, byroniano; Taylor, taylorista;
b) Em topónimos/topônimos originários de outras línguas e seus derivados: Kwanza; Kuwait, kuwaitiano; Malawi, malawiano;
c) Em siglas, símbolos e mesmo em palavras adotadas como unidades de medida de curso internacional: TWA, KLM; K-potássio (de kalium), W-oeste (West); kg- quilograma, km-quilómetro, kW- kilowatt, yd-jarda (yard); Watt.

3°) Em congruência com o número anterior, mantém-se nos vocábulos derivados eruditamente de nomes próprios estrangeiros quaisquer combinações gráficas ou sinais diacríticos não peculiares à nossa escrita que figurem nesses nomes: comtista, de Comte; garrettiano, de Garrett; jeffersónia/ jeffersônia, de Jefferson; mülleriano, de Müller; shakesperiano, de Shakespeare.

Os vocábulos autorizados registrarão grafias alternativas admissíveis, em casos de divulgação de certas palavras de tal tipo de origem (a exemplo de fúcsia/ fúchsia e derivados, bungavília/ bunganvílea/ bougainvíllea).

4°) Os dígrafos finais de origem hebraica ch, ph e th podem conservar-se em formas onomásticas da tradição bíblica, como Baruch, Loth, Moloch, Ziph, ou então simplificar-se: Baruc, Lot, Moloc, Zif. Se qualquer um destes dígrafos, em formas do mesmo tipo, é invariavelmente mudo, elimina-se: José, Nazaré, em vez de Joseph, Nazareth; e se algum deles, por força do uso, permite adaptação, substitui-se, recebendo uma adição vocálica: Judite, em vez de Judith.

5°) As consoantes finais grafadas b, c, d, g e h mantêm-se, quer sejam mudas, quer proferidas, nas formas onomásticas em que o uso as consagrou, nomeadamente antropónimos/ antropônimos e topónimos/topônimos da tradição bíblica: Jacob, Job, Moab, Isaac; David, Gad; Gog, Magog; Bensabat, Josafat. Integram-se também nesta forma: Cid, em que o d é sempre pronunciado; Madrid e Valhadolid, em que o d ora é pronunciado, ora não; e Calecut ou Calicut, em que o t se encontra nas mesmas condições.

Nada impede, entretanto, que dos antropónimos/antropônimos em apreço sejam usados sem a consoante final Jó, Davi e Jacó.

6°) Recomenda-se que os topónimos/topônimos de línguas estrangeiras se substituam, tanto quanto possível, por formas vernáculas, quando estas sejam antigas e ainda vivas em português ou quando entrem, ou possam entrar, no uso corrente. Exemplo: Anvers, substituindo por Antuérpia; Cherbourg, por Cherburgo; Garonne, por Garona; Genève, por Genebra; Justland, por Jutlândia; Milano, por Milão; München, por Muniche; Torino, por Turim; Zürich, por Zurique, etc.

BASE II
DO H INICIAL E FINAL

1º) O h inicial emprega-se:
   a) Por força da etimologia: haver, hélice, hera, hoje, hora, homem, humor.
   b) Em virtude da adoção convencional: hã?, hem?, hum!.

2º) O h inicial suprime-se:
   a) Quando, apesar da etimologia, a sua supressão está inteiramente consagrada pelo uso: erva, em vez de herva; e, portanto, ervaçal, ervanário, ervoso (em contraste com herbáceo, herbanário, herboso, formas de origem erudita);
   b) Quando, por via de composição, passa a interior e o elemento em que figura se aglutina ao precedente: biebdomadário, desarmonia, desumano, exaurir, inábil, lobisomem, reabilitar, reaver.

3º) O h inicial mantém-se, no entanto, quando, numa palavra composta, pertence a um elemento que está ligado ao anterior por meio de hífen: anti-higiénico/ anti-higiênico, contra-haste, pré-história, sobre-humano.

4º) O h final emprega-se em interjeições: ah! oh!

BASE III
DA HOMOFONIA DE CERTOS GRAFEMAS CONSONÂNTICOS

Dada a homofonia existente entre certos grafemas consonânticos, torna-se necessário diferençar os seus empregos, que fundamentalmente se regulam pela história das palavras. É certo que a variedade das condições em que se fixam na escrita os grafemas consonânticos homófomos nem sempre permite fácil diferenciação dos casos em que se deve empregar uma letra e daqueles em que, diversamente, se deve empregar outra, ou outras, a representar o mesmo som.

Nesta conformidade, importa notar, principalmente, os seguintes casos:

1º) Distinção gráfica entre ch e x: achar, archote, bucha, capacho, capucho, chamar, chave, Chico, chiste, chorar, colchão, colchete, endecha, estrebucha, facho, ficha, flecha, frincha, gancho, inchar, macho, mancha, murchar, nicho, pachorra, pecha, pechincha, penacho, rachar, sachar, tacho; ameixa, anexim, baixei, baixo, bexiga, bruxa, coaxar, coxia, debuxo, deixar, eixo, elixir, enxofre, faixa, feixe, madeixa, mexer, oxalá, praxe, puxar, rouxinol, vexar, xadrez, xarope, xenofobia, xerife, xícara.

2°) Distinção gráfica entre g, com valor de fricativa palatal, e j: adágio, alfageme, Álgebra, algema, algeroz, Algés, algibebe, algibeira, álgido, almargem, Alvorge, Argel, estrangeiro, falange, ferrugem, frigir, gelosia, gengiva, gergelim, geringonça, Gibraltar, ginete, ginja, girafa, gíria, herege, relógio, sege, Tânger, virgem; adjetivo, ajeitar, ajeru (nome de planta indiana e de uma espécie de papagaio), canjerê, canjica, enjeitar, granjear, hoje, intrujice, jecoral, jejum, jeira, jeito, Jeová, jenipapo, jequiri, jequitibá, Jeremias, Jericó, jerimum, Jerónimo, Jesus, jibóia, jiquipanga, jiquiró, jiquitaia, jirau, jiriti, jitirana, laranjeira, lojista, majestade, majestoso, manjerico, manjerona, mucujê, pajé, pegajento, rejeitar, sujeito, trejeito.

3°) Distinção gráfica entre as letras s, ss, c, ç e x, que representam sibilantes surdas: ânsia, ascensão, aspersão, cansar, conversão, esconso, farsa, ganso, imenso, mansão, mansarda, manso, pretensão, remanso, seara, seda, Seia, Sertã, Sernancelhe, serralheiro, Singapura, Sintra, sisa, tarso, terso, valsa; abadessa, acossar, amassar, arremessar, Asseiceira, asseio, atravessar, benesse, Cassilda, codesso (identicamente Codessal ou Codassal, Codesseda, Codessoso, etc.), crasso, devassar, dossel, egresso, endossar, escasso, fosso, gesso, molosso, mossa, obsessão, pêssego, possesso, remessa, sossegar, acém, acervo, alicerce, cebola, cereal, Cernache, cetim, Cinfães, Escócia, Macedo, obcecar, percevejo; açafate, açorda, açúcar, almaço, atenção, berço, Buçaco, caçanje, caçula, caraça, dançar, Eça, enguiço, Gonçalves, inserção, linguiça, maçada, Mação, maçar, Moçambique, Monção, muçulmano, murça, negaça, pança, peça, quiçaba, quiçaça, quiçama, quiçamba, Seiça (grafia que pretere as erróneas/errôneas Ceiça e Ceissa), Seiçal, Suíça, terço; auxílio, Maximiliano, Maximino, máximo, próximo, sintaxe.

4°) Distinção gráfica entre s de fim de sílaba (inicial ou interior) e x e z com idêntico valor fónico/fônico: adestrar, Calisto, escusar, esdrúxulo, esgotar, esplanada, esplêndido, espontâneo, espremer, esquisito, estender, Estremadura, Estremoz, inesgotável; extensão, explicar, extraordinário, inextricável, inexperto, sextante, têxtil; capazmente, infelizmente, velozmente. De acordo com esta distinção convém notar dois casos:
a) Em final de sílaba que não seja final de palavra, o x = s muda para s sempre que está precedido de i ou u: justapor, justalinear, misto,

sistino (cf. Capela Sistina), Sisto, em vez de juxtapor, juxtalinear, mixto, sixtina, Sixto.
b) Só nos advérbios em -mente se admite z, com valor idêntico ao de s, em final de sílaba seguida de outra consoante (cf. capazmente, etc.); de contrário, o s toma sempre o lugar do z: Biscaia, e não Bizcaia.

5°) Distinção gráfica entre s final de palavra e x e z com idêntico valor fónico/ fônico: aguarrás, aliás, anis, após, atrás, através, Avis, Brás, Dinis, Garcês, gás, Gerês, Inês, íris, Jesus, jus, lápis, Luís, país, português, Queirós, quis, retrós, revés, Tomás, Valdês; cálix, Félix, Fénix flux; assaz, arroz, avestruz, dez, diz, fez (substantivo e forma do verbo fazer), fiz, Forjaz, Galaaz, giz, jaez, matiz, petiz, Queluz, Romariz, [Arcos de] Valdevez, Vaz. A propósito, deve observar-se que é inadmissível z final equivalente a s em palavra não oxítona: Cádis, e não Cádiz.

6°) Distinção gráfica entre as letras interiores s, x e z, que representam sibilantes sonoras: aceso, analisar, anestesia, artesão, asa, asilo, Baltasar, besouro, besuntar, blusa, brasa, brasão, Brasil, brisa, [Marco de] Canaveses, coliseu, defesa, duquesa, Elisa, empresa, Ermesinde, Esposende, frenesi ou frenesim, frisar, guisa, improviso, jusante, liso, lousa, Lousã, Luso (nome de lugar, homónimo/ homônimo de Luso, nome mitológico), Matosinhos, Meneses, narciso, Nisa, obséquio, ousar, pesquisa, portuguesa, presa, raso, represa, Resende, sacerdotisa, Sesimbra, Sousa, surpresa, tisana, transe, trânsito, vaso; exalar, exemplo, exibir, exorbitar, exuberante, inexato, inexorável; abalizado, alfazema, Arcozelo, autorizar, azar, azedo, azo, azorrague, baliza, bazar, beleza, buzina, búzio, comezinho, deslizar, deslize, Ezequiel, fuzileiro, Galiza, guizo, helenizar, lambuzar, lezíria, Mouzinho, proeza, sazão, urze, vazar, Veneza, Vizela, Vouzela.

BASE IV
DAS SEQÜÊNCIAS CONSONÂNTICAS

1°) O c, com valor de oclusiva velar, das seqüências interiores cc (segundo c com valor de sibilante), cç e ct, e o p das seqüências interiores pc (c com valor de sibilante), pç e pt, ora se conservam, ora se eliminam.
Assim:
a) Conservam-se nos casos em que são invariavelmente proferidos nas pronúncias cultas da língua: compacto, convicção, convicto,

ficção, friccionar, pacto, pictural; adepto, apto, díptico, erupção, eucalipto, inepto, núpcias, rapto.

b) Eliminam-se nos casos em que são invariavelmente mudos nas pronúncias cultas da língua: ação, acionar, afetivo, aflição, aflito, ato, coleção, coletivo, direção, diretor, exato, objeção; adoção, adotar, batizar, Egito, ótimo.

c) Conservam-se ou eliminam-se, facultativamente, quando se proferem numa pronúncia culta, quer geral, quer restritamente, ou então quando oscilam entre a prolação e o emudecimento: aspecto e aspeto, cacto e cato, caracteres e carateres, dicção e dição; facto e fato, sector e setor, ceptro e cetro, concepção e conceção, corrupto e corruto, recepção e receção.

d) Quando, nas seqüências interiores mpc, mpç e mpt se eliminar o p de acordo com o determinado nos parágrafos precedentes, o m passa a n, escrevendo-se, respetivamente, nc, nç e nt: assumpcionista e assuncionista; assumpção e assunção; assumptível e assuntível; peremptório e perentório, sumptuoso e suntuoso, sumptuosidade e suntuosidade.

2º) Conservam-se ou eliminam-se, facultativamente, quando se proferem numa pronúncia culta, quer geral, quer restritamente, ou então quando oscilam entre a prolação e o emudecimento: o b da seqüência bd, em súbdito; o b da seqüência bt, em subtil e seus derivados; o g da seqüência gd, em amígdala, amigdalácea, amigdalar, amigdalato, amigdalite, amigdalóide, amigdalopatia, amigdalotomia; o m da seqüência mn, em amnistia, amnistiar, indemne, indemnidade, indemnizar, omnímodo, omnipotente, omnisciente, etc.; o t da seqüência tm, em aritmética e aritmético.

BASE V
DAS VOGAIS ÁTONAS

1º) O emprego do e e do i, assim como o do o e do u em sílaba átona, regula-se fundamentalmente pela etimologia e por particularidades da história das palavras. Assim, se estabelecem variadíssimas grafias:
a) Com e e i: ameaça, amealhar, antecipar, arrepiar, balnear, boreal, campeão, cardeal (prelado, ave, planta; diferente de cardial = "relativo à cárdia"), Ceará, côdea, enseada, enteado, Floreal, janeanes, lêndea, Leonardo, Leonel, Leonor, Leopoldo, Leote, linear, meão, melhor, nomear, peanha, quase (em vez de quási), real, semear, semelhante, várzea; ameixial, Ameixieira, amial, amieiro, arriei-

ro, artilharia, capitânia, cordial (adjetivo e substantivo), corno/a, crânio, criar, diante, diminuir, Dinis, ferregial, Filinto, Filipe (e identicamente Filipa, Filipinas, etc.), freixial, giesta, Idanha, igual, imiscuir-se, inigualável, lampião, limiar, Lumiar, lumieiro, pátio, pior, tigela, tijolo, Vimieiro, Vimioso.
b) Com o e u: abolir, Alpendorada, assolar, borboleta, cobiça, consoada, consoar costume, díscolo, êmbolo, engolir, epístola, esbafonir-se, esboroar, farândola, femoral, Freixoeira, girândola, goela, jocoso, mágoa, névoa, nódoa, óbolo, Páscoa, Pascoal, Pascoela, polir, Rodolfo, tá voa, tavoada, távola, tômbola, veio (substantivo e forma do verbo vir); açular, água, aluvião, arcuense, assumir, bulir, camândulas, curtir, curtume, embutir, entupir, fémur/fêmur, fistula, glândula, ínsua, jucundo, légua, Luanda, lucubração, lugar, mangual, Manuel, míngua, Nicarágua, pontual, régua, tábua, tabuada, tabuleta, trégua, vitualha.

2º) Sendo muito variadas as condições etimológicas e históricofonéticas em que se fixam graficamente e e i ou o e u em sílaba átona, é evidente que só a consulta dos vocabulários ou dicionários pode indicar, muitas vezes, se deve empregar-se e ou i, se o ou u. Há, todavia, alguns casos em que o uso dessas vogais pode ser facilmente sistematizado. Convém fixar os seguintes:
a) Escrevem-se com e, e não com i, antes da sílaba tónica/tônica, os substantivos e adjetivos que procedem de substantivos terminados em -elo e -eia, ou com eles estão em relação direta. Assim se regulam: aldeão, aldeola, aldeota por aldeia; areal, areeiro, areento, Areosa por areia; aveal por aveia; baleal por baleia; cadeado por cadeia; candeeiro por candeia; centeeira e centeeino por centeio; colmeal e colmeeiro por colmeia; correada e correame por correia.
b) Escrevem-se igualmente com e, antes de vogal ou ditongo da sílaba tónica/ tônica, os derivados de palavras que terminam em e acentuado (o qual pode representar um antigo hiato: ea, ee): galeão, galeota, galeote, de galé; coreano, de Coreia; daomeano, de Daomé; guineense, de Guiné; poleame e poleeiro, de polé.
c) Escrevem-se com i, e não com e, antes da sílaba tónica/tônica, os adjetivos e substantivos derivados em que entram os sufixos mistos de formação vernácula -iano e -iense, os quais são o resultado da combinação dos sufixos -ano e -ense com um i de origem analógica (baseado em palavras onde -ano e -ense estão precedidos de i pertencente ao tema: horaciano, italiano, duniense, flaviense,

etc.): açoriano, acriano (de Acre), camoniamo, goisiano (relativo a Damião de Góis), siniense (de Sines), sofocliano, torniano, torniense (de Torre(s)).

d) Uniformizam-se com as terminações -io e -ia (átonas), em vez de -eo e -ea, os substantivos que constituem variações, obtidas por ampliação, de outros substantivos terminados em vogal; cúmio (popular), de cume; hástia, de haste; réstia, do antigo neste, véstia, de veste.

e) Os verbos em -ear podem distinguir-se praticamente, grande número de vezes, dos verbos em -iar, quer pela formação, quer pela conjugação e formação ao mesmo tempo. Estão no primeiro caso todos os verbos que se prendem a substantivos em -eio ou -eia (sejam formados em português ou venham já do latim); assim se regulam: aldear, por aldeia; alhear, por alheio; cear por ceia; encadear por cadeia; pean, por pela; etc. Estão no segundo caso todos os verbos que têm normalmente flexões rizotónicas/rizotônicas em -eio, -eias, etc.: clarear, delinear, devanear, falsear, granjear, guerrear, hastear, nomear, semear, etc. Existem, no entanto, verbos em -iar, ligados a substantivos com as terminações átonas -ia ou -io, que admitem variantes na conjugação: negoceio ou negocio (cf. negócio); premeio ou premio (cf. prémio/prêmio); etc.

f) Não é lícito o emprego do u final átono em palavras de origem latina. Escreve-se, por isso: moto, em vez de mótu (por exemplo, na expressão de moto próprio); tribo, em vez de tribu.

g) Os verbos em -oar distinguem-se praticamente dos verbos em -uar pela sua conjugação nas formas rizotónicas/rizotônicas, que têm sempre o na sílaba acentuada: abençoar com o, como abençoo, abençoas, etc.; destoar, com o, como destoo, destoas, etc.; mas acentuar, com u, como acentuo, acentuas, etc.

BASE VI
DAS VOGAIS NASAIS

Na representação das vogais nasais devem observar-se os seguintes preceitos:

1º) Quando uma vogal nasal ocorre em fim de palavra, ou em fim de elemento seguido de hífen, representa-se a nasalidade pelo til, se essa vogal é de timbre a; por m, se possui qualquer outro timbre e termina a palavra; e por n se é de timbre diverso de a e está seguida de s: afã, grã, Grã-Bretanha, lã, órfã, sã-braseiro (forma dialetal; o mesmo que são-brasense = de S. Brás de Alportel); clarim, tom, vacum, flautins, semitons, zunzuns.

2º) Os vocábulos terminados em -ã transmitem esta representação do a nasal aos advérbios em -mente que deles se formem, assim como a derivados em que entrem sufixos iniciados por z: enistãmente, irmãmente, sãmente; lãzudo, maçãzita, manhãzinha, romãzeira.

BASE VII
DOS DITONGOS

1º) Os ditongos orais, que tanto podem ser tónicos/tônicos como átonos, distribuem-se por dois grupos gráficos principais, conforme o segundo elemento do ditongo é representado por i ou u: ai, ei, éi, ui; au, eu, éu, iu, ou: braçais, caixote, deveis, eirado, farnéis (mas farneizinhos), goivo, goivan, lencóis (mas lençoizinhos), tafuis, uivar, cacau, cacaueiro, deu, endeusar, ilhéu (mas ilheuzito), mediu, passou, regougar.
Obs.: Admitem-se, todavia, excepcionalmente, à parte destes dois grupos, os ditongos grafados ae (= âi ou ai) e ao (âu ou au): o primeiro, representado nos antropónimos/antropônimos Caetano e Caetana, assim como nos respetivos derivados e compostos (caetaninha, são-caetano, etc.); o segundo, representado nas combinações da preposição a com as formas masculinas do artigo ou pronome demonstrativo o, ou seja, ao e aos.

2º) Cumpre fixar, a propósito dos ditongos orais, os seguintes preceitos particulares:
a) É o ditongo grafado ui, e não a seqüência vocálica grafada ue, que se emprega nas formas de 2ª e 3ª pessoas do singular do presente do indicativo e igualmente na da 2ª pessoa do singular do imperativo dos verbos em -uir: constituis, influi, retribui. Harmonizam-se, portanto, essas formas com todos os casos de ditongo grafado ui de sílaba final ou fim de palavra (azuis, fui, Guardafui, Rui, etc.); e ficam assim em paralelo gráfico-fonético com as formas de 2ª e 3ª pessoas do singular do presente do indicativo e de 2ª pessoa do singular do imperativo dos verbos em -air e em -oer: atrais, cai, sai; móis, remói, sói.
b) É o ditongo grafado ui que representa sempre, em palavras de origem latina, a união de um u a um i átono seguinte. Não divergem, portanto, formas como fluido de formas como gratuito. E isso não impede que nos derivados de formas daquele tipo as vogais grafadas u e i se separem: fluídico, fluidez (u-í).
c) Além dos ditongos orais propriamente ditos, os quais são todos decrescentes, admite-se, como é sabido, a existência de ditongos crescentes. Podem considerar-se no número deles as seqüências

vocálicas pós-tónicas/pós-tônicas, tais as que se representam graficamente por ea, eo, ia, ie, io, oa, ua, ue, uo: áurea, áureo, calúnia, espécie, exímio, mágoa, míngua, ténue/tênue, tríduo.

3º) Os ditongos nasais, que na sua maioria tanto podem ser tónicos/tônicos como átonos, pertencem graficamente a dois tipos fundamentais: ditongos representados por vogal com til e semivogal; ditongos representados por uma vogal seguida da consoante nasal m. Eis a indicação de uns e outros:
a) Os ditongos representados por vogal com til e semivogal são quatro, considerando-se apenas a língua padrão contemporânea: ãe (usado em vocábulos oxítonos e derivados), ãi (usado em vocábulos anoxítonos e derivados), ão e õe. Exemplos: cães, Guimarães, mãe, mãezinha; cãibas, cãibeiro, cãibra, zãibo; mão, maozinha, não, quão, sótão, sotãozinho, tão; Camões, orações, oraçõezinhas, põe, repões. Ao lado de tais ditongos pode, por exemplo, colocar-se o ditongo ũi; mas este, embora se exemplifique numa forma popular como rũi = ruim, representa-se sem o til nas formas muito e mui, por obediência à tradição.
b) Os ditongos representados por uma vogal seguida da consoante nasal m são dois: am e em. Divergem, porém, nos seus empregos:
   i) am (sempre átono) só se emprega em flexões verbais: amam, deviam, escreveram, puseram;
   ii) em (tónico/tônico ou átono) emprega-se em palavras de categorias morfológicas diversas, incluindo flexões verbais, e pode apresentar variantes gráficas determinadas pela posição, pela acentuação ou, simultaneamente, pela posição e pela acentuação: bem, Bembom, Bemposta, cem, devem, nem, quem, sem, tem, virgem; Bencanta, Benfeito, Benfica, benquisto, bens, enfim, enquanto, homenzarrão, homenzinho, nuvenzinha, tens, virgens, amém (variação do ámen), armazém, convém, mantém, ninguém, porém, Santarém, também; convêm, mantêm, têm (3as pessoas do plural); armazéns, desdéns, convéns, reténs; Belenzada, vintenzinho.

BASE VIII
DA ACENTUAÇÃO GRÁFICA DAS PALAVRAS OXÍTONAS
1º) Acentuam-se com acento agudo:
   a) As palavras oxítonas terminadas nas vogais tónicas/tônicas abertas grafadas -a, -e ou -o, seguidas ou não de -s: está,

estás, já, olá; até, é, és, olé, pontapé(s); avó(s,), dominó(s), paletó(s,), só(s).
Obs.: Em algumas (poucas) palavras oxítonas terminadas em -e tónico/tônico, geralmente provenientes do francês, esta vogal, por ser articulada nas pronúncias cultas ora como aberta ora como fechada, admite tanto o acento agudo como o acento circunflexo: bebé ou bebê, bidé ou bidê, canapé ou canapê, caraté ou caratê, croché ou crochê, guiché ou guichê, matiné ou matinê, nené ou nenê, ponjé ou ponjê, puré ou purê, rapé ou rapê.
O mesmo se verifica com formas como cocó e cocô, rô (letra do alfabeto grego) e ró. São igualmente admitidas formas como judô, a par de judo, e metrô, a par de metro.
b) As formas verbais oxítonas, quando, conjugadas com os pronomes clíticos lo(s) ou la(s), ficam a terminar na vogal tónica/ tônica aberta grafada -a, após a assimilação e perda das consoantes finais grafadas -r, -s ou -z: adorá-lo(s) (de adorar-lo(s)), dá-la(s) (de dar-la(s) ou dá(s)-la(s) ou dá(s)-la(s)), fá-lo(s) (de faz-lo(s)), fá-lo(s)-às (de far-lo(s)-ás), habitá-la(s)-iam (de habitar-la(s)-iam), trá-la(s)-á (de trar-la(s)-á).
c) As palavras oxítonas com mais de uma sílaba terminadas no ditongo nasal -em (exepto as formas da 3ª do plural do presente do indicativo dos compostos de ter e vir: retêm, sustêm, advêm, provêm, etc.) ou -ens: acém, detém, deténs, entretém, entreténs, harém, haréns, porém, provém, provéns, também.
d) As palavras oxítonas com os ditongos abertos grafados -éi, éu ou ói, podendo estes dois últimos ser seguidos ou não de -s: anéis, batéis, fiéis, papéis; céu(s), chapéu(s), ilhéu(s), véu(s); corrói (de correr), herói(s), remói (de remoer), sóis.

2°) Acentuam-se com acento circunflexo:
a) As palavras oxítonas terminadas nas vogais tónicas/tônicas fechadas que se grafam -e ou -o, seguidas ou não de –s: cortês, dê, dês (de dar), lê, lês (de ler), português, você(s); avô(s), pôs (de pôr), robô(s).
b) As formas verbais oxítonas, quando conjulgadas com os pronomes clíticos-lo(s) ou la(s), ficam a terminar nas vogais tónicas/ tônicas fechadas que se grafam -e ou -o, após a assimilação e perda das consoantes finais grafadas -r, -s ou -z: detê-lo(s) (de deter-lo-(s)), fazê-la(s) (de fazer-la(s)), fê-lo(s) (de fez-lo(s)), vê-la(s) (de ver-la(s)), compô-la(s) (de compor-la(s)), repô-la(s) (de repor-la(s)), pô-la(s) (de por-la(s) ou pôs-la(s)).

3º) Prescinde-se de acento gráfico para distinguir palavras oxítonas homógrafas, mas heterofónicas/heterofônicas, do tipo de cor (ô), substantivo, e cor (ó), elemento da locução de cor; colher (ê), verbo, e colher (é), substantivo. Excetua-se a forma verbal pôr, para a distinguir da preposição por.

BASE IX
DA ACENTUAÇÃO GRÁFICA DAS PALAVRAS PAROXÍTONAS

1º) As palavras paroxítonas não são em geral acentuadas graficamente: enjoo, grave, homem, mesa, Tejo, vejo, velho, voo; avanço, floresta; abençoo, angolano, brasileiro; descobrimento, graficamente, moçambicano

2º) Recebem, no entanto, acento agudo:
a) As palavras paroxítonas que apresentam, na sílaba tónica/tônica, as vogais abertas grafadas a, e, o e ainda i ou u e que terminam em -l, -n, -r, -x e -ps, assim como, salvo raras exceções, as respectivas formas do plural, algumas das quais passam a proparoxítonas: amável (pl. amáveis), Aníbal, dócil (pl. dóceis), dúctil (pl. dúcteis), fóssil (pl. fósseis), réptil (pl. répteis; var. reptil, pl. reptis); cármen (pl. cármenes ou carmens; var. carme, pl. carmes); dólmen (pl. dólmenes ou dolmens), éden (pl. édenes ou edens), líquen (pl. líquenes), lúmen (pl. lúmenes ou lúmens); açúcar (pl. açúcares), almíscar (pl. almíscares), cadáver (pl. cadáveres), caráter ou carácter (mas pl. carateres ou caracteres), ímpar (pl. ímpares); Ájax, córtex (pl. córtex; var. córtice, pl. córtices, índex (pl. índex; var. índice, pl. índices), tórax (pl. tórax ou tóraxes; var. torace, pl. toraces); bíceps (pl. bíceps; var. bicípite, pl. bicípites), fórceps (pl. fórceps; var. fórcipe, pl. fórcipes).
Obs.: Muito poucas palavras deste tipo, com a vogais tónicas/tônicas grafadas e e o em fim de sílaba, seguidas das consoantes nasais grafadas m e n, apresentam oscilação de timbre nas pronúncias cultas da língua e, por conseguinte, também de acento gráfico (agudo ou circunflexo): sémen e sêmen, xénon e xênon; fêmure fémur, vómer e vômer; Fénix e Fênix, ónix e ônix.
b) As palavras paroxítonas que apresentam, na sílaba tónica/tônica, as vogais abertas grafadas a, e, o e ainda i ou u e que terminam em -ã(s), -ão(s), -ei(s), -i(s), -um, -uns ou -us: órfã (pl. órfãs), acórdão (pl. acórdãos), órgão (pl. órgãos), sótão (pl. sótãos); hóquei, jóquei (pl. jóqueis), amáveis (pl. de amável), fáceis (pl. de fácil), fósseis (pl. de

fóssil), amáreis (de amar), amáveis (id.), cantaríeis (de cantar), fizéreis (de fazer), fizésseis (id.); beribéri (pl. beribéris), bílis (sg. e pl.), íris (sg. e pl.), júri (di. júris), oásis (sg. e pl.); álbum (di. álbuns), fórum (di. fóruns); húmus (sg. e pl.), vírus (sg. e pl.).
Obs.: Muito poucas paroxítonas deste tipo, com as vogais tónicas/ tônicas grafadas e e o em fim de sílaba, seguidas das consoantes nasais grafadas m e n, apresentam oscilação de timbre nas pronúncias cultas da língua, o qual é assinalado com acento agudo, se aberto, ou circunflexo, se fechado: pónei e pônei; gónis e gônis, pénis e pênis, ténis e tênis; bónus e bônus, ónus e ônus, tónus e tônus, Vénus e Vênus.

3°) Não se acentuam graficamente os ditongos representados por ei e oi da sílaba tónica/tônica das palavras paroxítonas, dado que existe oscilação em muitos casos entre o fechamento e a abertura na sua articulação: assembleia, boleia, ideia, tal como aldeia, baleia, cadeia, cheia, meia; coreico, epopeico, onomatopeico, proteico; alcaloide, apoio (do verbo apoiar), tal como apoio (subst.), Azoia, hoia, boina, comboio (subst.), tal como comboio, comboias, etc. (do verbo comboiar), dezoito, estroina, heroico, introito, jiboia, moina, paranoico, zoina.

4°) É facultativo assinalar com acento agudo as formas verbais de pretérito perfeito do indicativo, do tipo amámos, louvámos, para as distinguir das correspondentes formas do presente do indicativo (amamos, louvamos), já que o timbre da vogal tónica/tônica é aberto naquele caso em certas variantes do português.

5°) Recebem acento circunflexo:
a) As palavras paroxítonas que contêm, na sílaba tónica/tônica, as vogais fechadas com a grafia a, e, o e que terminam em -l, -n, -r, ou -x, assim como as respetivas formas do plural, algumas das quais se tornam proparoxítonas: cônsul (pl. cônsules), pênsil (pl. pênseis), têxtil (pl. têxteis); cânon, var. cânone (pl. cânones), plâncton (pl. plânctons); Almodôvar, aljôfar (pl. aljôfares), âmbar (pl. âmbares), Câncer, Tânger; bômbax(sg. e pl.), bômbix, var. bômbice (pl. bômbices).
b) As palavras paroxítonas que contêm, na sílaba tónica/tônica, as vogais fechadas com a grafia a, e, o e que terminam em -ão(s), -eis, -i(s) ou -us: bênção(s), côvão(s), Estêvão, zângão(s); devêreis (de dever), escrevêsseis (de escrever), fôreis (de ser e ir), fôsseis (id.), pênseis (pl. de pênsil), têxteis (pl. de têxtil); dândi(s), Mênfis; ânus.

c) As formas verbais têm e vêm, 3ᵃˢ pessoas do plural do presente do indicativo de ter e vir, que são foneticamente paroxítonas (respetivamente / tãjãj /, / vãjãj / ou / tẽẽj /, / vẽẽj / ou ainda / tẽjẽj /, / vẽjẽj /; cf. as antigas grafias preteridas, têem, vêem, a fim de se distinguirem de tem e vem, 3ᵃˢ pessoas do singular do presente do indicativo ou 2ᵃˢ pessoas do singular do imperativo; e também as correspondentes formas compostas, tais como: abstêm (cf. abstém), advêm (cf. advém), contêm (cf. contém), convêm (cf. convém), desconvêm (cf. desconvém), detêm (cf. detém), entretem (cf. entretém), intervêm (cf. intervém), mantêm (cf. mantém), obtêm (cf. obtém), provêm (cf. provém), sobrevêm (cf. sobrevém).
Obs.: Também neste caso são preteridas as antigas grafias detêem, intervêem, mantêem, provêem, etc.

6°) Assinalam-se com acento circunflexo:
a) Obrigatoriamente, pôde (3ª pessoa do singular do pretérito perfeito do indicativo), no que se distingue da correspondente forma do presente do indicativo (pode).
b) Facultativamente, dêmos (1ª pessoa do plural do presente do conjuntivo), para se distinguir da correspondente forma do pretérito perfeito do indicativo (demos); fôrma (substantivo), distinta de forma (substantivo; 3ª pessoa do singular do presente do indicativo ou 2ª pessoa do singular do imperativo do verbo formar).

7°) Prescinde-se de acento circunflexo nas formas verbais paroxítonas que contêm um e tónico/tônico oral fechado em hiato com a terminação -em da 3ª pessoa do plural do presente do indicativo ou do conjuntivo, conforme os casos: creem deem (conj.), descreem, desdeem (conj.), leem, preveem, redeem (conj.), releem, reveem, tresleem, veem.

8°) Prescinde-se igualmente do acento circunflexo para assinalar a vogal tónica/tonica fechada com a grafia o em palavras paroxítonas como enjoo, substantivo e flexão de enjoar, povoo, flexão de povoar, voo, substantivo e flexão de voar, etc.

9°) Prescinde-se, quer do acento agudo, quer do circunflexo, para distinguir palavras paroxítonas que, tendo respectivamente vogal tónica/ tônica aberta ou fechada, são homógrafas de palavras proclíticas. Assim, deixam de se distinguir pelo acento gráfico: para (á), flexão de parar, e para, preposição; pela(s) (é), substantivo e flexão de pelar, e pela(s), combinação de per e la(s); pelo (é), flexão de pelar, pelo(s) (é), substantivo ou combinação de per e lo(s); polo(s) (ó), substantivo, e polo(s), combinação antiga e popular de por e lo(s); etc.

10º) Prescinde-se igualmente de acento gráfico para distinguir paroxítonas homógrafas heterofónicas/heterofônicas do tipo de acerto (ê), substantivo, e acerto (é,), flexão de acertar; acordo (ô), substantivo, e acordo (ó), flexão de acordar; cerca (ê), substantivo, advérbio e elemento da locução prepositiva cerca de, e cerca (é,), flexão de cercar; coro (ô), coro (ó) substantivo, e flexão de corar; deste (ê), contracção da preposição de com o demonstrativo este, e deste (é), flexão de dar; fora (ô), flexão de ser e ir, e fora (ó), advérbio, interjeição e substantivo; piloto (ô), substantivo, e piloto (ó), flexão de pilotar, etc.

BASE X
DA ACENTUAÇÃO DAS VOGAIS TÓNICAS/TÔNICAS GRAFADAS I E U DAS PALAVRAS OXÍTONAS E PAROXÍTONAS

1º) As vogais tónicas/tônicas grafadas i e u das palavras oxítonas e paroxítonas levam acento agudo quando antecedidas de uma vogal com que não formam ditongo e desde de que não constituam sílaba com a eventual consoante seguinte, excetuando o caso de s: adaís (pl. de adail), aí, atraí (de atrair), baú, caís (de cair), Esaú, jacuí, Luís, país, etc.; alaúde, amiúde, Araújo, Ataíde, atraiam (de atrair), atraísse (id.), baía, balaústre, cafeína, ciúme, egoísmo, faísca, faúlha, graúdo, influíste (de influir), juízes, Luísa, miúdo, paraíso, raízes, recaída, ruína, saída, sanduíche, etc.

2º) As vogais tónicas/tônicas grafadas i e u das palavras oxítonas e paroxítonas não levam acento agudo quando, antecedidas de vogal com que não formam ditongo, constituem sílaba com a consoante seguinte, como é o caso de nh, l, m, n, r e z: bainha, moinho, rainha; adail, paul, Raul; Aboim, Coimbra, ruim; ainda, constituinte, oriundo, ruins, triunfo; atrair, demiurgo, influir, influirmos; juiz, raiz; etc.

3º) Em conformidade com as regras anteriores leva acento agudo a vogal tónica/tônica grafada i das formas oxítonas terminadas em r dos verbos em -air e -uir, quando estas se combinam com as formas pronominais clíticas -lo(s), -la(s), que levam à assimilação e perda daquele -r: atraí-lo(s,) (de atrair-lo(s)); atraí-lo(s)-ia (de atrair-lo(s)-ia); possuí-la(s) (de possuir-la(s)); possuí-la(s)-ia (de possuir-la(s) -ia).

4º) Prescinde-se do acento agudo nas vogais tónicas/tônicas grafadas i e u das palavras paroxítonas, quando elas estão precedidas de ditongo: baiuca, boiuno, cauila (var. cauira), cheiinho (de cheio), saiinha (de saia).

5º) Levam, porém, acento agudo as vogais tónicas/tônicas grafadas i e u quando, precedidas de ditongo, pertencem a palavras oxítonas e estão em posição final ou seguidas de s: Piauí, teiú, teiús, tuiuiú, tuiuiús.
Obs.: Se, neste caso, a consoante final for diferente de s, tais vogais dispensam o acento agudo: cauim.

6º) Prescinde-se do acento agudo nos ditongos tónicos/tônicos grafados iu e ui, quando precedidos de vogal: distraiu, instruiu, pauis (pl. de paul).

7º) Os verbos aguir e redarguir prescindem do acento agudo na vogal tónica/tônica grafada u nas formas rizotónicas/rizotônicas: arguo, arguis, argui, arguem; argua, arguas, argua, arguam. O verbos do tipo de aguar, apaniguar, apaziguar, apropinquar, averiguar, desaguar, enxaguar, obliquar, delinquir e afins, por oferecerem dois paradigmas, ou têm as formas rizotónicas/rizotônicas igualmente acentuadas no u mas sem marca gráfica (a exemplo de averiguo, averiguas, averigua, averiguam; averigue, averigues, averigue, averiguem; enxaguo, enxaguas, enxagua, enxaguam; enxague, enxagues, enxague, enxaguem, etc.; delinquo, delinquis, delinqui, delinquem; mas delinquimos, delinquís) ou têm as formas rizotónicas/rizotônicas acentuadas fónica/fônica e graficamente nas vogais a ou i radicais (a exemplo de averíguo, averíguas, averígua, averíguam; averígue, averígues, averígue, averíguem; enxáguo, enxáguas, enxágua, enxáguam; enxágue, enxágues, enxágue, enxáguem; delínquo, delínques, delínque, delínquem; delínqua, delínquas, delínqua, delínquam).
Obs.: Em conexão com os casos acima referidos, registe-se que os verbos em -ingir (atingir, cingir, constringir, infringir, tingir, etc.) e os verbos em -inguir sem prolação do u (distinguir, extinguir, etc.) têm grafias absolutamente regulares (atinjo, atinja, atinge, atingimos, etc.; distingo, distinga, distingue, distinguimos, etc.).

BASE XI
DA ACENTUAÇÃO GRÁFICA DAS PALAVRAS PROPAROXÍTONAS

1º) Levam acento agudo:
a) As palavras proparoxítonas que apresentam na sílaba tónica/tônica as vogais abertas grafadas a, e, o e ainda i, u ou ditongo oral começado por vogal aberta: árabe, cáustico, Cleópatra, esquálido,

exército, hidráulico, líquido, míope, músico, plástico, prosélito, público, rústico, tétrico, último;
b) As chamadas proparoxítonas aparentes, isto é, que apresentam na sílaba tónica/tônica as vogais abertas grafadas a, e, o e ainda i, u ou ditongo oral começado por vogal aberta, e que terminam por seqüências vocálicas pós-tónicas/pós-tônicas praticamente consideradas como ditongos crescentes (-ea, -eo, -ia, -ie, -io, -oa, -ua, -uo, etc.): álea, náusea; etéreo, níveo; enciclopédia, glória; barbárie, série; lírio, prélio; mágoa, nódoa; exígua, língua; exíguo, vácuo.

2º) Levam acento circunflexo:
a) As palavras proparoxítonas que apresentam na sílaba tónica/ tônica vogal fechada ou ditongo com a vogal básica fechada: anacreôntico, brêtema, cânfora, cômputo, devêramos (de dever), dinâmico, êmbolo, excêntrico, fôssemos (de ser e ir), Grândola, hermenêutica, lâmpada, lôstrego, lôbrego, nêspera, plêiade, sôfrego, sonâmbulo, trôpego;
b) As chamadas proparoxítonas aparentes, isto é, que apresentam vogais fechadas na sílaba tónica/tônica, e terminam por seqüências vocálicas pós-tónicas/pós-tônicas praticamente consideradas como ditongos crescentes: amêndoa, argênteo, côdea, Islândia, Mântua, serôdio.

3º) Levam acento agudo ou acento circunflexo as palavras proparoxítonas, reais ou aparentes, cujas vogais tónicas/tônicas grafadas e ou o estão em final de sílaba e são seguidas das consoantes nasais grafadas m ou n, conforme o seu timbre é, respetivamente, aberto ou fechado nas pronúncias cultas da língua: académico/acadêmico, anatómico/anatômico, cénico/cênico, cómodo/cômodo, fenómeno/ fenômeno, género/gênero, topónimo/topônimo; Amazónia/Amazônia, António/Antônio, blasfémia/blasfêmia, fémea/fêmea, gémeo/ gêmeo, génio/gênio, ténue/tênue.

BASE XII
DO EMPREGO DO ACENTO GRAVE

1º) Emprega-se o acento grave:
a) Na contração da preposição a com as formas femininas do artigo ou pronome demonstrativo o: à (de a+a), às (de a+as);
b) Na contração da preposição a com os demonstrativos aquele, aquela, aqueles, aquelas e aquilo ou ainda da mesma preposição com os compostos aqueloutro e suas flexões: àquele(s), àquela(s), àquilo; àqueloutro(s), àqueloutra(s).

BASE XIII
DA SUPRESSÃO DOS ACENTOS EM PALAVRAS DERIVADAS

1º) Nos advérbios em -mente, derivados de adjetivos com acento agudo ou circunflexo, estes são suprimidos: avidamente (de ávido), debilmente (de débil), facilmente (de fácil), habilmente (de hábil), ingenuamente (de ingênuo), lucidamente (de lúcido), mamente (de má), somente (de só), unicamente (de único), etc.; candidamente (de cândido), cortesmente (de cortês), dinamicamente (de dinâmico), espontaneamente (de espontâneo), portuguesmente (de português), romanticamente (de romântico).

2º) Nas palavras derivadas que contêm sufixos iniciados por z e cujas formas de base apresentam vogal tónica/tônica com acento agudo ou circunflexo, estes são suprimidos: aneizinhos (de anéis), avozinha (de avó), bebezito (de bebé/bebê), cafezada (de café), chepeuzinho (de chapéu), chazeiro (de chá), heroizito (de herói), ilheuzito (de ilhéu), mazinha (de má), orfãozinho (de órfão), vintenzito (de vintém), etc.; avozinho (de avô), bençãozinha (de bênção), lampadazita (de lâmpada), pessegozito (de pêssego).

BASE XIV
DO TREMA

O trema, sinal de diérese, é inteiramente suprimido em palavras portuguesas ou aportuguesadas. Nem sequer se emprega na poesia, mesmo que haja separação de duas vogais que normalmente formam ditongo: saudade, e não saüdade, ainda que tetrassílabo; saudar, e não saüdar, ainda que trissílabo; etc.

Em virtude desta supressão, abstrai-se de sinal especial, quer para distinguir, em sílaba átona, um i ou um u de uma vogal da sílaba anterior, quer para distinguir, também em sílaba átona, um i ou um u de um ditongo precedente, quer para distinguir, em sílaba tónica/tônica ou átona, o u de gu ou de qu de um e ou i seguintes: arruinar, constituiria, depoimento, esmiuçar, faiscar, faulhar, oleicultura, paraibano, reunião; abaiucado, auiqui, caiuá, cauixi, piauiense; aguentar, anguiforme, arguir, bilíngue (ou bilingue), lingueta, linguista, linguístico; cinquenta, equestre, frequentar, tranquilo, ubiquidade.

Obs.: Conserva-se, no entanto, o trema, de acordo com a Base I, 3º, em palavras derivadas de nomes próprios estrangeiros: hübneriano, de Hübner, mülleriano, de Müller, etc.

BASE XV
DO HÍFEN EM COMPOSTOS, LOCUÇÕES ENCADEAMENTOS VOCABULARES

1º) Emprega-se o hífen nas palavras compostas por justaposição que não contêm formas de ligação e cujos elementos, de natureza nominal, adjetival, numeral ou verbal, constituem uma unidade sintagmática e semântica e mantêm acento próprio, podendo dar-se o caso de o primeiro elemento estar reduzido: ano-luz, arcebispo-bispo, arco-íris, decreto-lei, és-sueste, médico-cirurgião, rainha-cláudia, tenente-coronel, tio-avô, turma-piloto; alcaide-mor, amor-perfeito, guarda-noturno, mato-grossense, norte-americano, porto-alegrense, sul-africano; afro-asiático, cifro-luso-brasileiro, azul-escuro, luso-brasileiro, primeiro-ministro, primeiro-sargento, primo-infeção, segunda-feira; conta-gotas, finca-pé, guarda-chuva.
Obs.: Certos compostos, em relação aos quais se perdeu, em certa medida, a noção de composição, grafam-se aglutinadamente: girassol, madressilva, mandachuva, pontapé, paraquedas, paraquedista, etc.

2º) Emprega-se o hífen nos topónimos/topônimos compostos, iniciados pelos adjetivos grã, grão ou por forma verbal ou cujos elementos estejam ligados por artigo: Grã-Bretanha, Grão-Pará; Abre-Campo; Passa-Quatro, Quebra-Costas, Quebra-Dentes, Traga-Mouros, Trinca-Fortes; Albergaria-a-Velha, Baía de Todos-os-Santos, Entre-os-Rios, Montemor-o-Novo, Trás-os-Montes.
Obs.: Os outros topónimos/topônimos compostos escrevem-se com os elementos separados, sem hífen: América do Sul, Belo Horizonte, Cabo Verde, Castelo Branco, Freixo de Espada à Cinta, etc. O topónimo/topônimo Guiné-Bissau é, contudo, uma exceção consagrada pelo uso.

3º) Emprega-se o hífen nas palavras compostas que designam espécies botânicas e zoológicas, estejam ou não ligadas por preposição ou qualquer outro elemento: abóbora-menina, couve-flor, erva-doce, feijão-verde; benção-de-deus, erva-do-chá, ervilha-de-cheiro, fava-de-santo-inácio, bem-me-quer (nome de planta que também se dá à margarida e ao malmequer); andorinha-grande, cobra-capelo, formiga-branca; andorinha-do-mar, cobra-d'água, lesma-de-conchinha; bem-te-vi (nome de um pássaro).

4º) Emprega-se o hífen nos compostos com os advérbios bem e mal, quando estes formam com o elemento que se lhes segue uma unidade sintagmática e semântica e tal elemento começa por vogal ou

h. No entanto, o advérbio bem, ao contrário de mal, pode não se aglutinar com palavras começadas por consoante. Eis alguns exemplos das várias situações: bem-aventurado, bem-estar, bem-humorado; mal-afortunado, mal-estar, mal-humorado; bem-criado (cf. malcriado), bem-ditoso (cf. malditoso), bem-falante (cf malfalante), bem-mandado (cf. malmandado). bem-nascido (cf. malnascido), bem-soante (cf. malsoante), bem-visto (cf. malvisto).
Obs.: Em muitos compostos, o advérbio bem aparece aglutinado com o segundo elemento, quer este tenha ou não vida à parte: benfazejo, benfeito, benfeitor, benquerença, etc.

5º) Emprega-se o hífen nos compostos com os elementos além, aquém, recém e sem: além-Atlântico, além-mar, além-fronteiras; aquém-fiar, aquém-Pireneus; recém-casado, recém-nascido; sem-cerimônia, sem-número, sem-vergonha.

6º) Nas locuções de qualquer tipo, sejam elas substantivas, adjetivas, pronominais, adverbiais, prepositivas ou conjuncionais, não se emprega em geral o hífen, salvo algumas exceções já consagradas pelo uso (como é o caso de água-de-colónia/ água-de-colônia, arco-da-velha, cor-de-rosa, mais-que-perfeito, pé-de-meia, ao deus-dará, à queima-roupa). Sirvam, pois, de exemplo de emprego sem hífen as seguintes locuções:
a) Substantivas: cão de guarda, fim de semana, sala de jantar;
b) Adjetivas: cor de açafrão, cor de café com leite, cor de vinho;
c) Pronominais: cada um, ele próprio, nós mesmos, quem quer que seja;
d) Adverbiais: à parte (note-se o substantivo aparte), à vontade, de mais (locução que se contrapõe a de menos; note-se demais, advérbio, conjunção, etc.), depois de amanhã, em cima, por isso;
e) Prepositivas: abaixo de, acerca de, acima de, a fim de, a par de, à parte de, apesar de, aquando de, debaixo de, enquanto a, por baixo de, por cima de, quanto a;
f) Conjuncionais: a fim de que, ao passo que, contanto que, logo que, por conseguinte, visto que.

7º) Emprega-se o hífen para ligar duas ou mais palavras que ocasionalmente se combinam, formando, não propriamente vocábulos, mas encadeamentos vocabulares (tipo: a divisa Liberdade-Igualdade-Fraternidade, a ponte Rio-Niterói, o percurso Lisboa-Coimbra-Porto, a ligação Angola-Moçambique, e bem assim nas combinações históricas ou ocasionais de topónimos/ topônimos (tipo: Áustria-Hungria, Alsácia-Lorena, Angola-Brasil, Tóquio-Rio de Janeiro, etc.).

BASE XVI
DO HÍFEN NAS FORMAÇÕES POR PREFIXAÇÃO, RECOMPOSIÇÃO E SUFIXAÇÃO

1º) Nas formações com prefixos (como, por exemplo: ante-, anti-, circum-, co-, contra-, entre-, extra-, hiper-, infra-, intra-, pós-, pré-, pró-, sobre-, sub-, super-, supra-, ultra-, etc.) e em formações por recomposição, isto é, com elementos não autónomos ou falsos prefixos, de origem grega e latina (tais como: aero-, agro-, arqui-, auto-, hio-, eletro-, geo-, hidro-, inter-, macro-, maxi-, micro-, mini-, multi-, neo-, pan-, pluri-, proto-, pseudo-, retro-, semi-, tele-, etc.), só se emprega o hífen nos seguintes casos:
a) Nas formações em que o segundo elemento começa por h: anti-higiénico/anti-higiênico, circum-hospitalar, co-herdeiro, contra-harmónico/contra-harmônico, extra-humano, pré-história, sub-hepático, super-homem, ultra-hiperbólico, arqui-hipérbole, eletro-higrómetro, geo-história, neo-helénico/neo-helênico, pan-helenismo, semi-hospitalar.
Obs.: Não se usa, no entanto, o hífen em formações que contêm em geral os prefixos des- e in- e nas quais o segundo elemento perdeu o h inicial: desumano, desumidificar, inábil, inumano, etc.
b) Nas formações em que o prefixo ou pseudoprefixo termina na mesma vogal com que se inicia o segundo elemento: anti-ibérico, contra-almirante, infra-axilar, supra-auricular; arqui-irmandade, auto-observação, eletro-ótica, micro-onda, semi-interno.
Obs.: Nas formações com o prefixo co-, este aglutina-se em geral com o segundo elemento mesmo quando iniciado por o: coobrigação, coocupante, coordenar, cooperação, cooperar, etc.
c) Nas formações com os prefixos circum- e pan-, quando o segundo elemento começa por vogal, m ou n (além de h, caso já considerado atrás na alínea a): circum-escolar, circum-murado, circum-navegação; pan-africano, pan-mágico, pan-negritude.
d) Nas formações com os prefixos hiper-, inter- e super-, quando combinados com elementos iniciados por r: hiper-requintado, inter-resistente, super-revista.
e) Nas formações com os prefixos ex- (com o sentido de estado anterior ou cessamento), sota-, soto-, vice- e vizo-: ex-almirante, ex-diretor, ex-hospedeira, ex-presidente, ex-primeiro-ministro, ex-rei; sota-piloto, soto-mestre, vice-presidente, vice-reitor, vizo-rei.
f) Nas formações com os prefixos tónicos/tônicos acentuados graficamente pós-, pré- e pró-, quando o segundo elemento tem

vida à parte (ao contrário do que acontece com as correspondentes formas átonas que se aglutinam com o elemento seguinte): pós-graduação, pós-tónico/pós-tônicos (mas pospor); pré-escolar, pré-natal (mas prever); pró-africano, pró-europeu (mas promover).

2°) Não se emprega, pois, o hífen:
a) Nas formações em que o prefixo ou falso prefixo termina em vogal e o segundo elemento começa por r ou s, devendo estas consoantes duplicar-se, prática aliás já generalizada em palavras deste tipo pertencentes aos domínios científico e técnico. Assim: antirreligioso, antissemita, contrarregra, contrassenha, cosseno, extrarregular, infrassom, minissaia, tal como biorritmo, biossatélite. eletrossiderurgia, microssistema, microrradiografia.

b) Nas formações em que o prefixo ou pseudoprefixo termina em vogal e o segundo elemento começa por vogal diferente, prática esta em geral já adotada também para os termos técnicos e científicos. Assim: antiaéreo, coeducaçao, extraescolar, aeroespacial, autoestrada, autoaprendizagem, agroindustrial, hidroelétrico, plurianual.

3°) Nas formações por sufixação apenas se emprega o hífen nos vocábulos terminados por sufixos de origem tupi-guarani que representam formas adjetivas, como açu, guaçu e mirim, quando o primeiro elemento acaba em vogal acentuada graficamente ou quando a pronúncia exige a distinção gráfica dos dois elementos: amoré-guaçu, anajá-mirim, andá-açu, capim-açu, Ceará-Mirim.

BASE XVII
DO HÍFEN NA ÊNCLISE, NA TMESE E COM O VERBO HAVER

1°) Emprega-se o hífen na ênclise e na tmese: amá-lo, dá-se, deixa-o, partir-lhe; amá-lo-ei, enviar-lhe-emos.

2°) Não se emprega o hífen nas ligações da preposição de às formas monossilábicas do presente do indicativo do verbo haver: hei de, hás de, hão de, etc.
Obs.: 1. Embora estejam consagradas pelo uso as formas verbais quer e requer, dos verbos querer e requerer, em vez de quere e requere, estas últimas formas conservam-se, no entanto, nos casos de ênclise: quere-o(s), requere-o(s). Nestes contextos, as formas (legítimas, aliás) qué-lo e requé-lo são pouco usadas.

2. Usa-se também o hífen nas ligações de formas pronominais enclíticas ao advérbio eis (eis-me, ei-lo) e ainda nas combinações de formas pronominais do tipo no-lo, vo-las, quando em próclise (por ex.: esperamos que no-lo comprem).

BASE XVIII
DO APÓSTROFO

1º) São os seguintes os casos de emprego do apóstrofo:
a) Faz-se uso do apóstrofo para cindir graficamente uma contração ou aglutinação vocabular, quando um elemento ou fração respetiva pertence propriamente a um conjunto vocabular distinto: d'Os Lusíadas, d'Os Sertões; n'Os Lusíadas, n'Os Sertões; pel' Os Lusíadas, pel' Os Sertões. Nada obsta, contudo, a que estas escritas sejam substituídas por empregos de preposições íntegras, se o exigir razão especial de clareza, expressividade ou ênfase: de Os Lusíadas, em Os Lusíadas, por Os Lusíadas, etc.

As cisões indicadas são análogas às dissoluções gráficas que se fazem, embora sem emprego do apóstrofo, em combinações da preposição a com palavras pertencentes a conjuntos vocabulares imediatos: a A Relíquia, a Os Lusíadas (exemplos: importância atribuída a A Relíquia; recorro a Os Lusíadas). Em tais casos, como é óbvio, entende-se que a dissolução gráfica nunca impede na leitura a combinação fonética: a A = à, a Os = aos, etc.

b) Pode cindir-se por meio do apóstrofo uma contração ou aglutinação vocabular, quando um elemento ou fração respetiva é forma pronominal e se lhe quer dar realce com o uso de maiúscula: d'Ele, n'Ele, d'Aquele, n'Aquele, d'O, n'O, pel'O, m'O, t'O, lh'O, casos em que a segunda parte, forma masculina, é aplicável a Deus, a Jesus, etc.; d'Ela, n'Ela, d'Aquela, n'Aquela, d'A, n'A, pel'A, tu'A, t'A, lh'A, casos em que a segunda parte, forma feminina, é aplicável à mãe de Jesus, à Providência, etc. Exemplos frásicos: confiamos n'O que nos salvou; esse milagre revelou-m'O; está n'Ela a nossa esperança; pugnemos pel'A que é nossa padroeira.

À semelhança das cisões indicadas, pode dissolver-se graficamente, posto que sem uso do apóstrofo, uma combinação da preposição a com uma forma pronominal realçada pela maiúscula: a O, a Aquele, a Aquela (entendendo-se que a dissolução gráfica nunca impede na leitura a combinação fonética: a O = ao, a Aquela = àquela, etc.). Exemplos frásicos: a O que tudo pode; a Aquela que nos protege.

c) Emprega-se o apóstrofo nas ligações das formas santo e santa a nomes do hagiológio, quando importa representar a elisão das vogais finais o e a: Sant'Ana, Sant'Iago, etc. É, pois, correto escrever: Calçada de Sant'Ana. Rua de Sant'Ana; culto de Sant'Iago, Ordem de Sant'Iago. Mas, se as ligações deste género, como é o caso destas mesmas Sant'Ana e Sant'Iago, se tornam perfeitas unidades mórficas, aglutinam-se os dois elementos: Fulano de Santana, ilhéu de Santana, Santana de Parnaíba; Fulano de Santiago, ilha de Santiago, Santiago do Cacém. Em paralelo com a grafia Sant'Ana e congéneres/congêneres, emprega-se também o apóstrofo nas ligações de duas formas antroponímicas, quando é necessário indicar que na primeira se elide um o final: Nun'Álvares, Pedr'Eanes.

Note-se que nos casos referidos as escritas com apóstrofo, indicativas de elisão, não impedem, de modo algum, as escritas sem apóstrofo: Santa Ana, Nuno Álvares, Pedro Álvares, etc.

d) Emprega-se o apóstrofo para assinalar, no interior de certos compostos, a elisão do e da preposição de, em combinação com substantivos: borda-d'água, cobra-d'água, copo-d'água, estrela-d'alva, galinha-d'água, mãe-d'água, pau-d'água, pau-d'alho, pau-d'arco, pau-d'óleo.

2°) São os seguintes os casos em que não se usa o apóstrofo:
Não é admissível o uso do apóstrofo nas combinações das preposições de e em com as formas do artigo definido, com formas pronominais diversas e com formas adverbiais (excetuado o que se estabelece nas alíneas 1°) a) e 1°) b)). Tais combinações são representadas:
a) Por uma só forma vocabular, se constituem, de modo fixo, uniões perfeitas:
i) do, da, dos, das; dele, dela, deles, delas; deste, desta, destes, destas, disto; desse, dessa, desses, dessas, disso; daquele, daquela, daqueles, daquelas, daquilo; destoutro, destoutra, destoutros, destoutras; dessoutro, dessoutra, dessoutros, dessoutras; daqueloutro, daqueloutra, daqueloutros, daqueloutras; daqui; daí; dali; dacolá; donde; dantes (= antigamente);
ii) no, na, nos, nas; nele, nela, neles, nelas; neste, nesta, nestes, nestas, nisto; nesse, nessa, nesses, nessas, nisso; naquele, naquela, naqueles, naquelas, naquilo; nestoutro, nestoutra, nestoutros, nestoutras; nessoutro, nessoutra, nessoutros, nessoutras; naqueloutro,

naqueloutra, naqueloutros, naqueloutras; num, numa, nuns, numas; noutro, noutra, noutros, noutras, noutrem; nalgum, nalguma, nalguns, nalgumas, nalguém.
b) Por uma ou duas formas vocabulares, se não constituem, de modo fixo, uniões perfeitas (apesar de serem correntes com esta feição em algumas pronúncias): de um, de uma, de uns, de umas, ou dum, duma, duns, dumas; de algum, de alguma, de alguns, de algumas, de alguém, de algo, de algures, de alhures, ou dalgum, dalguma, dalguns, dalgumas, dalguém, dalgo, dalgures, dalhures; de outro, de outra, de outros, de outras, de outrem, de outrora, ou doutro, doutra, doutros, doutras, doutrem, doutrora; de aquém ou daquém; de além ou dalém; de entre ou dentre.
De acordo com os exemplos deste último tipo, tanto se admite o uso da locução adverbial de ora avante como do advérbio que representa a contração dos seus três elementos: doravante.
Obs.: Quando a preposição de se combina com as formas articulares ou pronominais o, a, os, as, ou com quaisquer pronomes ou advérbios começados por vogal, mas acontece estarem essas palavras integradas em construções de infinitivo, não se emprega o apóstrofo, nem se funde a preposição com a forma imediata, escrevendo-se estas duas separadamente: a fim de ele compreender; apesar de o não ter visto; em virtude de os nossos pais serem bondosos; o facto de o conhecer; por causa de aqui estares.

BASE XIX
DAS MINÚSCULAS E MAIÚSCULAS
1º) A letra minúscula inicial é usada:
a) Ordinariamente, em todos os vocábulos da língua nos usos correntes.
b) Nos nomes dos dias, meses, estações do ano: segunda-feira; outubro; primavera.
c) Nos bibliónimos/bibliônimos (após o primeiro elemento, que é com maisúcula, os demais vocábulos podem ser escritos com minúscula, salvo nos nomes próprios nele contidos, tudo em grifo): O Senhor do Paço de Ninães, O Senhor do paço de Ninães, Menino de Engenho, Árvore e Tambor ou Árvore e tambor.
d) Nos usos de fulano, sicrano, beltrano.
e) Nos pontos cardeais (mas não nas suas abreviaturas): norte, sul (mas: SW sudoeste).

f) Nos axiónimos/axiônimos e hagiónimos/hagiônimos (opcionalmente, neste caso, também com maiúscula): senhor doutor Joaquim da Silva, bacharel Mário Abrantes, o cardeal Bembo; santa Filomena (ou Santa Filomena).
g) Nos nomes que designam domínios do saber, cursos e disciplinas (opcionalmente, também com maiúscula): português (ou Português), matemática (ou Matemática); línguas e literaturas modernas (ou Línguas e Literaturas Modernas).

2º) A letra maiúscula inicial é usada:
a) Nos antropónimos/antropônimos, reais ou fictícios: Pedro Marques; Branca de Neve, D. Quixote.
b) Nos topónimos/topônimos, reais ou fictícios: Lisboa, Luanda, Maputo, Rio de Janeiro; Atlântida, Hespéria.
c) Nos nomes de seres antropomorfizados ou mitológicos: Adamastor; Neptuno/ Netuno.
d) Nos nomes que designam instituições: Instituto de Pensões e Aposentadorias da Previdência Social.
e) Nos nomes de festas e festividades: Natal, Páscoa, Ramadão, Todos os Santos.
f) Nos títulos de periódicos, que retêm o itálico: O Primeiro de Janeiro, O Estado de São Paulo (ou S. Paulo).
g) Nos pontos cardeais ou equivalentes, quando empregados absolutamente: Nordeste, por nordeste do Brasil, Norte, por norte de Portugal, Meio-Dia, pelo sul da França ou de outros países, Ocidente, por ocidente europeu, Oriente, por oriente asiático.
h) Em siglas, símbolos ou abreviaturas internacionais ou nacionalmente reguladas com maiúsculas, iniciais ou mediais ou finais ou o todo em maiúsculas: FAO, NATO, ONU; H_2O, Sr., V. Exª.
i) Opcionalmente, em palavras usadas reverencialmente, aulicamente ou hierarquicamente, em início de versos, em categorizações de logradouros públicos: (rua ou Rua da Liberdade, largo ou Largo dos Leões), de templos (igreja ou Igreja do Bonfim, templo ou Templo do Apostolado Positivista), de edifícios (palácio ou Palácio da Cultura, edifício ou Edifício Azevedo Cunha).
Obs.: As disposições sobre os usos das minúsculas e maiúsculas não obstam a que obras especializadas observem regras próprias, provindas de códigos ou normalizações específicas (terminologias antropológica, geológica, bibliológica, botânica, zoológica, etc.), promanadas de entidades científicas ou normalizadoras, reconhecidas internacionalmente.

BASE XX
DA DIVISÃO SILÁBICA

A divisão silábica, que em regra se faz pela soletração (a-ba-de, bru-ma, ca-cho, lha-no, ma-lha, ma-nha, má-xi-mo, ó-xi-do, ro-xo, tme-se), e na qual, por isso, se não tem de atender aos elementos constitutivos dos vocábulos segundo a etimologia (a-ba-li-e-nar, bi-sa- vó, de-sa-pa-re-cer, di-sú-ri-co, e-xâ-ni-me, hi-pe-ra-cús-ti-co, i-ná-bil, o-bo-val, su-bo-cu-lar, su-pe-rá-ci-do), obedece a vários preceitos particulares, que rigorosamente cumpre seguir, quando se tem de fazer em fim de linha, mediante o emprego do hífen, a partição de uma palavra:

1°) São indivisíveis no interior de palavra, tal como inicialmente, e formam, portanto, sílaba para a frente as sucessões de duas consoantes que constituem perfeitos grupos, ou sejam (com exceção apenas de vários compostos cujos prefixos terminam em h, ou d: ab-legação, ad-ligar, sub-lunar, etc., em vez de a-blegação, a-dligar, su-blunar, etc.) aquelas sucessões em que a primeira consoante é uma labial, uma velar, uma dental ou uma labiodental e a segunda um l ou um r: a-blução, ce-le-brar, du-plicação, re-primir; a-clamar, de-creto, de-glutição, re-grado; a-tlético, cáte-dra, períme-tro; a-fluir, a-fricano, ne-vrose.

2°) São divisíveis no interior da palavra as sucessões de duas consoantes que não constituem propriamente grupos e igualmente as sucessões de m ou n, com valor de anasalidade, e uma consoante: ab-dicar, Ed-gardo, op-tar, sub-por, ab-soluto, ad-jetivo, af-ta, bet-samita, íp-silon, ob-viar; des-cer, dis-ciplina, flores-cer, nas-cer, res-cisão; ac-ne, ad-mirável, Daf-ne, diafrag-ma, drac-ma, ét-nico, rit-mo, sub-meter, am-nésico, interam-nense; bir-reme, cor-roer, pror-rogar; as-segurar, bis-secular, sos-segar; bissex-to, contexto, ex-citar, atroz-mente, capaz-mente, infeliz-mente; am-bição, desen-ganar, en-xame, man-chu, Mân-lio, etc.

3°) As sucessões de mais de duas consoantes ou de m ou n, com o valor de nasalidade, e duas ou mais consoantes são divisíveis por um de dois meios: se nelas entra um dos grupos que são indivisíveis (de acordo com o preceito 1°), esse grupo forma sílaba para diante, ficando a consoante ou consoantes que o precedem ligadas à sílaba anterior; se nelas não entra nenhum desses grupos, a divisão dá-se sempre antes da última consoante. Exemplos dos dois casos:

cam-braia, ec-tlipse, em-blema, ex-plicar, in-cluir, ins-crição, subs-crever, trans-gredir; abs-tenção, disp-neia, inters-telar, lambdacismo, sols-ticial, Terp-sícore, tungs-tênio.

4º) As vogais consecutivas que não pertencem a ditongos decrescentes (as que pertencem a ditongos deste tipo nunca se separam: ai-roso, cadei-ra, insti-tui, ora-ção, sacris-tães, traves-sões) podem, se a primeira delas não é u precedido de g ou q, e mesmo que sejam iguais, separar-se na escrita: ala-úde, áre-as, ca-apeba, co-ordenar, do-er, flu-idez, perdo-as, vo-os. O mesmo se aplica aos casos de contiguidade de ditongos, iguais ou diferentes, ou de ditongos e vogais: cai-ais, cai-eis, ensai-os, flu-iu.

5º) Os digramas gu e qu, em que o u se não pronuncia, nunca se separam da vogal ou ditongo imediato (ne- gue, ne- guei; pe- que, pe- quei, do mesmo modo que as combinações gu e qu em que o u se pronuncia: á-gua, ambí-guo, averi-gueis; longín-quos, lo-quaz, quais-quer.

6º) Na translineação de uma palavra composta ou de uma combinação de palavras em que há um hífen, ou mais, se a partição coincide com o final de um dos elementos ou membros, deve, por clareza gráfica, repetir-se o hífen no início da linha imediata: ex- -alferes, serená- -los-emos ou serená-los- -emos, vice- -almirante.

BASE XXI
DAS ASSINATURAS E FIRMAS

Para ressalva de direitos, cada qual poderá manter a escrita que, por costume ou registro legal, adote na assinatura do seu nome.

Com o mesmo fim, pode manter-se a grafia original de quaisquer firmas comerciais, nomes de sociedades, marcas e títulos que estejam inscritos em registro público.

O autor

Maurício Silva

É professor de Literatura Brasileira e coordenador da pós-graduação na Universidade Nove de Julho, em São Paulo; tem doutorado e pós-doutorado em Letras Clássicas e Vernáculas pela Universidade de São Paulo; é pesquisador do Instituto de Pesquisas Lingüísticas Sedes Sapientiae para Estudos de Português (PUC-SP); autor de diversos livros e artigos acadêmicos.

LEIA TAMBÉM

O PORTUGUÊS DA GENTE
Rodolfo Ilari e Renato Basso

"O português do Brasil é falado por mais de 170 milhões de pessoas em um imenso território, mas muita gente teima em afirmar que ele não existe, ou, pior, não deveria existir. Ilari e Basso, seguindo uma tradição iniciada nos anos 20 por Mário de Andrade e Amadeu Amaral, oferecem-nos, em *O português da gente*, um estudo da língua que nós falamos e que pouco a pouco vai conquis-tando seus direitos. Este é um livro para ler, estudar e discutir, na sala de aula e fora dela."
Mário A. Perini (PUC-Minas).

TEXTO E GRAMÁTICA
Maria Helena de Moura Neves

Este livro – pensado e concebido por uma das maiores especialistas em gramática do Brasil – analisa processos de constituição do enunciado, dirigindo a atenção para a gramática, que organiza relações, constrói significações e define efeitos pragmáticos que, afinal, fazem do texto uma peça em função. Funcionalismo, predicação, referenciação, polarização e modalização, junção são alguns dos assuntos abordados nesta obra essencial para alunos de Letras e professores de Português, dos diversos níveis.

Cadastre-se no site da Contexto
e fique por dentro dos nossos lançamentos e eventos.
www.editoracontexto.com.br

Formação de Professores | Educação
História | Ciências Humanas
Língua Portuguesa | Linguística
Geografia
Comunicação
Turismo
Economia
Geral

Faça parte de nossa rede.
www.editoracontexto.com.br/redes